प्रतिभाशालियों की शिक्षा

EDUCATION OF THE GIFTED

प्रतिभाशालियों की शिक्षा
EDUCATION OF THE GIFTED

डॉ. हंसराज पाल
शिक्षा संस्थान, देवी अहिल्या वि.वि., इन्दौर

मंजुलता शर्मा
श्री वैष्णव टीचर्स ट्रेनिंग कालेज, इन्दौर

SHIPRA

(2011Reprint, First Published 2007)

Rs. 750; US$ 30

ISBN: 978-81-7541-333-7

2023 Impression

Pratibhashalion ki Shiksha

Published by:
SHIPRA PUBLICATIONS
LG 18-19, Pankaj Central Market
I.P. Ext., Patparganj, Delhi 110092, India
+91 11 2223 5152/6152; 9650028065
info@shiprapublication.com
www.shiprapublication.com

प्राक्कथन

अध्यापक कक्षा में अनेक प्रकार के विद्यार्थियों के सम्पर्क में आते हैं। इनमें से ज्यादातर बालक सामान्य होते हैं, तथा कुछ विशिष्ट। विशिष्ट बालकों में प्रतिभशाली, मंद बुद्धि, पिछड़े अधिगम निर्योग्य, सृजनात्मक तथा शारीरिक रूप से विकलांग बालक आते हैं। ऐसे बालकों के लिए विशेष शिक्षा की आवश्यकता होती है। अतः इन्हें शिक्षा प्रदान करने के लिए अध्यापक को इनकी संकल्पना एवं विशेषताओं को जानना अति आवश्यक है। इसलिए देश के सभी विश्वविद्यालयों में बी.एड., एम.एड. एवं एम.ए. मनोविज्ञान की पाठ्यचर्या में विशिष्ट बालकों को शामिल किया गया है। विश्वविद्यालय अनुदान आयोग की लेक्चरर पात्रता परीक्षा के पाठ्यक्रम में विशिष्ट शिक्षा को अनिवार्य विषय शिक्षा मनोविज्ञान के साथ-साथ ऐच्छिक विषय के रूप में भी स्थान प्रदान किया गया है। 'विशिष्ट बालकों का मनोविज्ञान एवं शिक्षा' पर अंग्रेजी भाषा में पुस्तकें उपलब्ध हैं, किंतु हिन्दी में इनका नितान्त अभाव है। 'विशिष्ट बालकों में प्रतिभाशाली बालक भी आते हैं, जिन पर यदि विशेष ध्यान दिया जाए, और उन्हें पर्याप्त अवसर दिए जाएं तब वे देश के विकास में महत्वपूर्ण योगदान दे सकते हैं। अतः एक अध्यापक के लिए प्रतिभाशाली बालकों की संकल्पना, विशेषताएं, एवं उनकी शिक्षा से परिचित होना आवश्यक है। अतः पुस्तक में प्रतिभाशालिता की संकल्पना, प्रतिभाशाली बालकों की विशेषताएं, पहचान, उनकी शिक्षा के प्रतिमान, प्रतिभाशालियों के अध्यापक इत्यादि को शामिल किया गया है। प्रतिभाशाली बालक की पहचान के लिए बुध्दि एवं सृजनात्मकता को जानना आवश्यक है, अतः पुस्तक में बुध्दि एवं उसके सिध्दांत तथा सृजनात्मकता की संकल्पना एवं उनके विकास की विधियों का वर्णन किया गया है।

पुस्तक के प्रथम प्रारूप का परीक्षण विद्यार्थियों के लघु समूह पर कर उनके सुझावों एवं कठिनाइयों के आधार पर प्रकाशन से पूर्व पुस्तक में आवश्यक संशोधन किए गए है। पुस्तक को अधिक बोधगम्य बनाने के लिए पुस्तक' के अन्त

में शब्द सूची दी गयी है। साथ ही विस्तृत सन्दर्भ सूची भी दी गयी है जिसका उपयोग जिज्ञासु विद्यार्थी, शोध छात्र एवं अध्यापक कर सकेंगे। पुस्तक का यह प्रथम संस्करण है इसमें त्रुटियाँ हो सकती हैं विद्यार्थियों से अनुरोध है कि वे अपनी कठिनाइयों से हमें अवगत कराएँ साथ ही साथ अध्यापकों से भी अनुरोध है कि वे पुस्तक की न्यूनताएँ हमें बताएँ ताकि अगले संस्करण में उन्हें सुधारा जा सके। लेखक इसके लिए उनके ऋणी रहेंगे।

पुस्तक लिखने में सन्दर्भ सूची में दर्शायी पुस्तकों, शोध पत्रिकाओं, विश्वकोषों एवं अन्य सामग्रियों का प्रत्यक्ष अथवा परोक्ष रूप से उपयोग किया गया है। साथ ही साथ चित्रों का उपयोग भी किया गया है, हम उक्त सभी के लेखकों के प्रति हृदय से आभारी हैं।

पुस्तक लेखन में प्रो. डी.एन. सनसनवाल, निर्देशक, शिक्षा संस्थान ने प्रोत्साहन देकर हमारा उत्साह बढ़ाया हम उनके आभारी हैं। डॉ. आशा पाल ने पुस्तक लेखन के समय जो धैर्य दिखाया एवं उत्साह बढ़ाया उसे विस्मृत नहीं किया जा सकता है। डॉ. राजेन्द्र पाल लेक्चरर (सी.आई.ई.टी. नई दिल्ली) ने चित्र निर्माण एवं साहित्य संकलन में सहयोग दिया। श्रीमती कृष्णा शर्मा एवं मनोहर पाल ने भाषागत त्रुटियों के निवारण में सहयोग दिया इसके लिए इन सभी को साधुवाद। संस्थागत पुस्तकालय की ग्रंथ पाल श्रीमती स्वाति मजुमदार ने सहर्ष पुस्तकें प्रदान की इसके लिए हम उनके आभारी हैं।

11 मई, 2006

हंसराज पाल
मंजुलता शर्मा

विषय-सूची

1

प्रतिभाशालिता की प्रकृति
(Nature of Giftedness)

परिचय

किसी भी विद्यालय में कई तरह के बालक शिक्षा प्राप्त करते हैं। इन सभी बालकों की शारीरिक व मानसिक विशेषताएँ अलग-अलग होती हैं। इनमें से कुछ बालक ऐसे होते हैं जिन्हें पढ़ाने में अध्यापक को कठिनाई आती है। उसे लगता है कि यदि ये बालक कक्षा में नहीं होते तो अध्यापन कार्य अधिक सुचारु रूप से चलता रहता। ऐसे बालक विशिष्ट बालक कहलाते हैं। मनोवैज्ञानिकों ने इनकी अपनी-अपनी परिभाषाएँ दी हैं, जिनमें से प्रमुख इस प्रकार हैं:–

किर्क के अनुसार – "एक विशिष्ट बालक वह है जो शारीरिक, मानसिक संवेगात्मक एवं सामाजिक विशेषताओं में से किसी सामान्य बालक से उस उस सीमा तक विचलित होता है जब वह अपनी क्षमताओं के अधिकतम विकास हेतु सहायता, निर्देशन, विद्यालय कार्यक्रमों में परिमार्जन तथा विशिष्ट सेवाओं की आवश्यकता रखता है।" अर्थात् ऐसा बालक जिसे अपने शारीरिक, मानसिक, संवेगात्मक व सामाजिक गुणों के कारण अपने विकास हेतु विशेष प्रकार की मदद की आवश्यकता होती है, विशिष्ट बालक कहलाता है।

क्रो एवं क्रो के अनुसार -- "विशिष्ट प्रकार या विशिष्ट पद किसी गुण या उन गुणों से युक्त व्यक्ति पर लागू होता है जिसके कारण वह व्यक्ति साथियों का ध्यान अपनी ओर विशिष्ट रूप से आकृष्ट करता है तथा इससे उसके व्यवहार की अनुक्रियाएं भी प्रभावित होती हैं।"

ऐतिहासिक परिप्रेक्ष्य (Historical Perspective)

उन्नीसवीं सदी के प्रारंभ में सर फ्रांसिस गाल्टन ने अपना ध्यान प्रतिभा (Genius) की संकल्पना पर केंद्रित किया। उन्होंने सर्वप्रथम प्रतिभा को परिभाषित किया,

जिसमें निरीक्षण योग्य विशेषताएँ अथवा परिणामों का उपयोग किया गया। उनका अध्ययन प्रसिद्ध प्रौढ़ों पर आधारित था। यद्यपि इन्हें परिभाषित करने में उनका योगदान अल्प था। उनका मानना था कि जीनियस आनुवंशिक रूप से मालूम किए जा सकते हैं। उन्होंने बुद्धि को दृश्यक एवं श्रव्य तीक्ष्णता (acuity), स्पर्श संवेदनशीलता तथा प्रतिक्रियाकाल द्वारा मापने का प्रयास किया।

संयुक्त राज्य अमेरिका में प्रतिभाशाली एवं गुणी (Talented) बालकों की शिक्षा का उल्लेख 1867 में मिलता है। संत लुइस पब्लिक विद्यालय ने नम्य कक्षोन्नति की योजना प्रस्तुत की। अगले 30 वर्षों तक विद्यालय ने उच्च उपलब्धि वाले विद्यार्थियों की कक्षोन्नति की अनेक योजनाएँ कार्यान्वित कीं। विद्यालय ने त्वरित उपलब्धि कक्षाएँ प्रारंभ की, जिसमें विद्यार्थी दो वर्षों की कक्षा एक वर्ष में एवं 3 वर्ष की कक्षा दो वर्ष में पूर्ण कर सकते थे।

बिने साइमन ने बताया कि व्यक्तियों को मानसिक उम्र के आधार पर वर्गीकृत किया जा सकता है। उन्होंने बाद में बुद्धि परीक्षणों का विकास कर इस क्षेत्र में अहम् योगदान दिया। उनके परीक्षण में 3 से 13 वर्ष की उम्र के बालकों के लिए अलग-अलग प्रश्न रखे गए थे तथा प्रत्येक उम्र में प्रश्नों की संख्या भिन्न थी। उदाहरणार्थ–

पाँच वर्ष की उम्र के लिए परीक्षण के प्रश्नः

1. दो वजनों की तुलना करना।
2. वर्ग का अनुकरण करना।
3. चार सिक्कों को गिनना।

ग्यारह वर्ष की उम्र के लिए परीक्षणः

1. तीन शब्दों का अर्थ बताना।
2. तीन मिनट में 60 शब्द बोलना।
3. अमूर्त शब्दों का अर्थ बताना।

1911 में स्टेनफोर्ड विश्वविद्यालय के प्रोफेसर टर्मन ने बिने साइमन परीक्षण में पुनः संशोधन किया तथा अपने परीक्षण में उन्होंने 90 प्रश्नों को शामिल किया। इसमें 3 से 10 वर्ष तक की प्रत्येक अवस्था के लिए छः प्रश्न थे, 12 वर्ष के लिए 8 एवं 14 वर्ष के लिए छः, औसत प्रौढ़ के लिए छः तथा सोलह वैकल्पिक पद थे। इस परीक्षण में शामिल कुछ प्रश्न यहाँ दिए गए हैः

तीन वर्ष की उम्र के बालकों के लिएः

1. शरीर के अंगों के नाम पूछना।

2. बालक से उसका नाम पूछना।
3. परिचित वस्तुओं के नाम पूछना।

सात वर्ष की उम्र के बालकों के लिएः

1. अंगुलियाँ दिखाकर पूछना कि इस हाथ में कितनी अंगुलियाँ हैं?
   दूसरे हाथ में कितनी हैं?
   दोनों में मिलाकर कितनी हैं?
2. पाँच अंकों की संख्या को दोहराना।
3. टाई की गाँठ बाँधना।

पन्द्रह वर्ष की उम्र के लिएः

1. सात अंकों को दोहराना।
2. छब्बीस शब्दों के वाक्य को दोहराना।
3. चित्र की व्याख्या करना।

टर्मन ने परीक्षण द्वारा मानसिक उम्र ज्ञात करने के लिए यह प्रक्रिया बतायी। 3 वर्ष की उम्र से लेकर 10 वर्ष तक प्रत्येक प्रश्न का सही उत्तर देने पर दो माह मानसिक उम्र प्रदान की जाती है। 12 वर्ष की उम्र के 8 प्रश्नों में से प्रत्येक के लिए 3 माह और 14 वर्ष की उम्र के प्रत्येक प्रश्न के लिए 4 माह इत्यादि।

बिने साइमन परीक्षण का प्रमाणीकरण हमारे देश में हरबर्ट राइस ने उर्दू एवं पंजाबी पर किया। डॉ. कामथ ने बंबई में कर्नाटक परिवर्धन किया।

टर्मन को प्रतिभाशाली बालक आंदोलन का पितामह माना जा सकता है। इन्होंने 1921 में प्रतिभाशाली बच्चों के अध्ययन के लिए 8वीं कक्षा तक के लिए स्टैनफोर्ड बिने परीक्षण एवं उससे ऊपर की कक्षाओं के लिए सामूहिक बुद्धि परीक्षण का उपयोग किया। किण्डर गार्डन से लगाकर हाईस्कूल तक के छात्रों का चयन अध्ययन हेतु किया गया। इन्होंने 1,500 छात्रों का चयन किया जिनकी बुद्धि-लब्धि 140 से अधिक एवं औसत 150 थी। यह एक कठिन कार्य था। उनके अध्ययन के दो उद्देश्य थे–(1) यह देखना कि इनमें विकास के साथ कौन से गुण प्रकट होते हैं, एवं भविष्य में यह किस प्रकार के व्यक्ति बनेंगे। यह अध्ययन चालीस वर्षों से अधिक समय तक किया गया। इस बीच 1927-28, 1939-40, 1951-52 में इसका पुनः परीक्षण किया गया। साथ ही साक्षात्कार एवं प्रश्नावली द्वारा अन्य तथ्य एकत्र किए गए। इनका अंतिम अध्ययन 1968 में प्रकाशित हुआ।

हालिंगवर्थ ने प्रतिभाशाली विद्यार्थियों की शिक्षा के विशेष प्रयास किए। उन्होंने दो पुस्तकें "उनकी प्रकृति एवं पोषण" (1926) तथा "180 से ऊपर की बुद्धि लब्धि वाले विद्यार्थी" (स्टेनफोर्ड – बिने) लिखीं।

हालिंगवर्थ ने न्यूयार्क शहर के 12 विद्यार्थियों का इतिहास बताया। बालकों के विद्यालयीन इतिहास में सार्थक रूप से अंतर था। वे सफल एवं असफल इस आधार पर अलग किए गए कि किसकी पहचान श्रेष्ठ गुणी के रूप में पहले हुईं। कुछ केस अध्ययनों द्वारा यह ज्ञात हुआ कि ये प्रतिभाशाली विद्यार्थी कुण्ठित थे तथा विद्यालयीन कार्यक्रम से घुटन (stifled) अनुभव करते थे।

प्रतिभाशाली बालकों का पहला समृद्धि कार्यक्रम (Enrichment) 1920 में क्लीवलेण्ड ओहियो में प्रारंभ हुआ। 1922 में महिलाओं के एक समूह ने प्रतिभाशाली विद्यार्थियों की प्रोन्नति के लिए कक्षाएँ प्रारंभ कीं। गोडार्ड (1928) ने कार्यक्रम का विवरण प्रकाशित किया। यह कार्यक्रम सबसे लंबा सतत रूप से चलने वाला कार्यक्रम था।

प्रतिभाशालिता का संकीर्ण दृष्टिकोण जो कि बुद्धि-लब्धि फलांक के आधार पर था, लंबे समय तक चला। इसमें ऐसा संभव था कि ऐसे अनेक बालक जिनमें विशिष्ट प्रतिभा एवं गुणत्व था, की पहचान ही नहीं हो पाई। बुद्धि लब्धि फलांकों का उपयोग जीवन में सफलता की पहचान के लिए किया जाता था। (विटी 1930, 1962)

पहले प्रतिभाशालिता उच्च बुद्धि लब्धि तक सीमित थी। तथा यह गोरे, शहरी एवं समाज के मध्य एवं उच्च वर्ग तक ही सीमित थी (विटी 1940)। कालान्तर में गिलफोर्ड ने मानसिक प्रक्रिया के विश्लेषण एवं वर्गीकरण के द्वारा बुद्धि के पंरपंरागत दृष्टिकोण को चुनौती दी (1956)।

1960 के दौरान मनोवैज्ञानिकों का ध्यान सृजनात्मकता एवं अन्य विकल्पों की ओर गया, जो कि, प्रतिभाशाली एवं गुणी बालकों की पहचान के लिए उपयोग में आने लगे (फ्राइरसन 1969)। कुछ प्रयास साँस्कृतिक रूप से भिन्न में गुणी की पहचान एवं विकास के लिए किए गए। यह आंदोलन 1970 तक जारी रहा (टोरन्स 1977)। इसी समय महिलाओं एवं विकलांग विद्यार्थियों में से प्रतिभाशाली एवं गुणी की पहचान की आवश्यकता अनुभव हुई (फाँक्स 1970, मेकर 1977)।

वर्तमान में प्रतिभाशालिता की जो परिभाषाएँ दी गई हैं इस बात की ओर इशारा करती हैं कि केवल बुद्धि लब्धि प्रतिभाशालिता के सभी क्षेत्रों को परिभाषित नहीं कर सकती है।

प्रतिभाशालिता की संकल्पना (Concept of Giftedness)

प्रतिभाशाली बालक का तात्पर्य ऐसे बालक से है जिसमें उच्च स्तर की प्रतिभा होती है। वास्तव में 'प्रतिभा' शब्द में बौद्धिक श्रेष्ठता एवं विशेष योग्यता दोनों को शामिल किया जा सकता है। जहाँ बौद्धिक श्रेष्ठता से आशय है जो बौद्धिक रूप से श्रेष्ठ है या जिसमें उच्च बुद्धि है, वहीं विशेष योग्यता से आशय है किसी विशेष क्षेत्र, जैसे कला, संगीत, नृत्य में अन्य लोगों की तुलना में अधिक कुशलता।

प्रतिभाशाली एक ऐसी सकारात्मक विशिष्टता है जो कि बालक के व्यक्तित्व में शामिल अद्‌भुत योग्यताओं के कारण उसे सामान्य एवं अन्य प्रकार के विशिष्ट बालकों से अलग दिखाती है तथा उसके शीघ्र सीखने में सहायक होती है।

उन्नीसवीं सदी के अंत तक प्रतिभा सम्पन्नता (Giftedness) का अर्थ ऐसे गुणों व योग्यताओं से लगाया जा सकता था जो किसी समाज/देश द्वारा अधिक मूल्यवान माने जाते थे। किन्तु बीसवीं सदी के प्रारम्भ में बुद्धि परीक्षणों के विकास के कारण उच्च बुद्धि एवं शैक्षिक उपलब्धि को प्रतिभा सम्पन्नता की कसौटी माना गया।

वास्तव में इन दोनों को प्रतिभा सम्पन्नता की कसौटी इसलिए नहीं माना जा सकता क्योंकि कई बालक ऐसे होते हैं जो तकनीकी, कला, संगीत, भाषायी, शैक्षिक आदि में विशेष योग्यता रखते हैं। इस कारण प्रतिभा सम्पन्नता के अनेक पक्ष होते हैं।

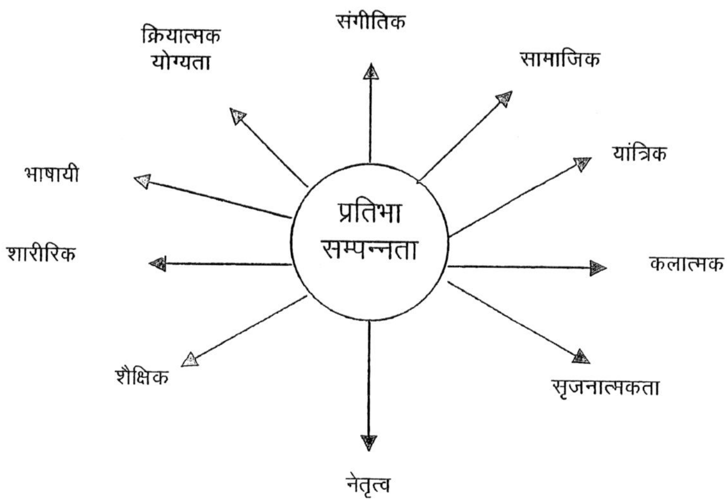

चित्र 1.1: प्रतिभा सम्पन्नता के पक्ष

फ्लीगलर एवं बिश (1959) के अनुसार–

"प्रतिभावान शब्द उन सभी बालकों को शामिल करता है, जो शैक्षिक रूप से विद्यालय के 15 प्रतिशत से 20 प्रतिशत उच्च उपलब्धि वर्ग में आने के लिए उच्च मानसिक योग्यता एवं कार्यक्षमता रखते हों तथा/अथवा किसी विशेष क्षेत्र, जैसे गणित, यांत्रिकी, विज्ञान, अभिव्यक्तात्मक कला, सृजनात्मक स्तरीय प्रतिभा व अपने परिवेश से मुकाबला करने की अनोखी सृजनात्मक योग्यता रखते हैं।"

बुद्धिलब्धि के आधार पर प्रतिभाशाली कौन?

बुद्धिलब्धि के आधार पर अनेक मनोवैज्ञानिकों ने प्रतिभा सम्पन्नता को परिभाषित किया है जिनमें प्रमुख हैं टर्मन, बैटले एवं स्टेनफोर्ड। टर्मन ने अपने अध्ययन के बाद बताया कि प्रतिभाशाली बालकों की बुद्धिलब्धि 140 होती है जबकि अन्य मनोवैज्ञानिक 120 से 140 बुद्धि लब्धि वाले विद्यार्थियों को प्रतिभाशाली मानते हैं। बैटले का कहना है कि प्रतिभाशाली बालक की न्यूनतम बुद्धिलब्धि 110 होना चाहिए। हैविघर्स्ट (1955) कहते हैं कि प्रतिभाशाली बच्चे उन्हें मानना चाहिए जो अपनी उम्र के बच्चों के बीच किसी गुण में श्रेष्ठ योग्यता के कारण आगे चलकर समाज की विशिष्ट सेवा कर सकते हैं, या सामाजिक जीवन को अधिक समृद्ध बना सकते हैं। उन्होंने तीन मुख्य गुण बताए हैं जिनका विकास समाज के लिए लाभकारी हो सकता है।

1. सामान्य बुद्धि, 2. कुछ उपयोगी क्षेत्रों में विशेष उपयोगिता, जैसे विज्ञान मशीन का कार्य, सामाजिक क्षेत्रों में नेतृत्व तथा पारस्परिक व्यक्तिगत संबंधों में सूझबूझ, और 3. कला के क्षेत्र में प्रतिभा, जैसे चित्रकला, संगीत, साहित्य संबंधी योग्यता।

सुझायी परिभाषा (Suggested Definition)

रेन्जुल्ली, रेस एवं स्मिथ ने कहा कि प्रतिभाशाली बच्चों को शिक्षा के प्रयोजन से निम्न प्रकार से परिभाषित करना चाहिए जिन्होंने निम्न के लिए सामर्थ्य प्रदर्शित किया/दिखाया हो।

1. उच्च योग्यता जिसमें उच्च बुद्धि शामिल है।
2. उच्च सृजनात्मकता (नये विचारों के निर्माण करने एवं उनका समाधान के लिए उपयोग करने की योग्यता)।
3. उच्च कार्य वचन बद्धता (Commitment) (अभिप्रेरणा का उच्च स्तर और परियोजना को दूसरे निकष द्वारा देखना)।

किसी भी क्षेत्र में वास्तविक प्रतिभाशाली निष्पादन के लिए बहु विशेष परिभाषा आवश्यक है।

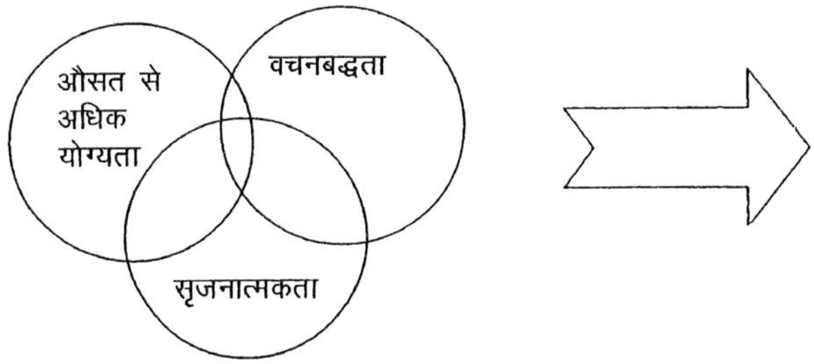

चित्र 1.2: प्रतिभाशाली के लिए रेन्जुल्ली की परिभाषा

सामान्य निष्पादन क्षेत्र		
गणित	दृश्यिक कलाएँ	भौतिक विज्ञान
दर्शनशास्त्र	सामाजिक विज्ञान	विधि
धर्म	भाषा कलाएँ	संगीत
जीवन विज्ञान		संरचन कलाएँ

रेन्जुल्ली (1979) के अनुसार, प्रतिभासंपन्नता में मानव विशेषकों के तीन बुनियादी गुच्छ 1. औसत से उच्च योग्यता, 2. सृजनात्मकता, 3. कार्य समर्पण (वचनबद्धता) के मध्य अन्तर्क्रिया है।

विशिष्ट निष्पादन क्षेत्र

कार्टून बनाना	जनांकिकी
ज्योतिषविज्ञान	सूक्ष्यफोटोग्राफी
लोकमत	शहर नियोजन
जेवरात अभिकल्प	प्रदूषण नियंत्रण
नक्शा बनाना	कविता लेखन
नृत्य	फैशन डिजाइन
जीवनी	बुनना
फिल्म निर्माण	नाटक लेखन
सांख्यिकी	वस्त्र निर्माण
स्थानीय इतिहास	मौसम विज्ञान (Meteriology)
इलेक्ट्रानिक्स	विपणन (Marketing)
संगीतोत्मक संरचना	प्रकृति चित्र (Landscape)

खेल निर्माण	पत्रकारिता
वास्तुकार	रसायनशास्त्र
विद्युतीय संगीत	शिशु देखभाल
उपभोक्ता संरक्षण	भोजन निर्माण
पक्षी विज्ञान	फर्नीचर निर्माण
भूगर्भ शास्त्र	मूर्तिकला
वन्य जीवन प्रबन्धन	दृश्यबंध (Set) निर्माण
कृषि संबंधी	पशु अधिगम (Animal Learning)
फिल्म समीक्षा	

चित्र 1.3: प्रतिभाशालिता की परिभाषा का चित्रात्मक प्रतिनिधित्व

चित्र में प्रतिभा सम्पन्नता को इन तीनों औसत से अधिक योग्यता, कार्य वचनबद्धता और सृजनात्मकता का संगठन माना गया है किन्तु यह तभी होगा जब व्यक्ति इतना निश्चित प्रयास में *निष्पादन* के लिए उपयोग करता है।

प्रतिभाशालिता से संबंधित शब्दावली (Terminology Related to Giftedness)

प्रतिभाशाली की शब्दावली भ्रमित करती है। प्रतिभाशाली के अलावा विविध प्रकार के शब्दों का उपयोग प्रतिभासंपन्न व्यक्तियों का वर्णन करने के लिए उपयोग में आते हैं। जो किसी प्रकार से श्रेष्ठ हैं गुणी (Talented), सृजनात्मक (Creative), अन्तर्दृष्टिपूर्ण, जीनियस और विलक्षण/अकाल प्रौढ़ (Preconscious)। अकाल प्रौढ़ से तात्पर्य है असाधारण प्रारंभिक विकास। अनेक उच्च प्रतिभाशाली बालक एक निश्चित क्षेत्र में विलक्षणता प्रदर्शित करते हैं जैसे भाषा, संगीत, अथवा गणितीय योग्यता। प्रतिभाशाली बालकों के बौद्धिक विकास की दर गैर प्रतिभाशाली की तुलना में ज्यादा होती है। अन्तर्दृष्टि को सार्थक सूचनाओं को गैर सार्थक सूचनाओं से अलग करना तथा सार्थक सूचनाओं के संगठित करने के उपयोगी तरीके से अलग नई एवं पुरानी सूचनाओं को नवीन एवं उत्पाद तरीके से संबंधित करने के रूप में परिभाषित किया जा सकता है।

जीनियस का उपयोग निश्चित क्षेत्र में असाधारण अभिक्षमता /क्षमता को दर्शाने के लिए किया जाता है। प्रायः इसमें बिरले (rare) बौद्धिक शक्ति (अत्यंत उच्च बुद्धि लब्धि) अथवा सृजनात्मकता, होती है। सृजनात्मकता से तात्पर्य है नवीन एवं उपयोगी विचारों को अभिव्यक्त करने की योग्यता, नवीन एवं महत्वपूर्ण संबंधों को समझना एवं स्पष्ट करना (Elucidate) और पहले नहीं विचारित की

गई बात को पूछना। शब्द गुणी सामान्यतः विशिष्ट योग्यता, अभिक्षमता अथवा निष्पत्ति (Accomplishment) को दर्शाने के लिए किया जाता है। जबकि प्रतिभाशालिता से तात्पर्य संज्ञानात्मक (बौद्धिक) श्रेष्ठता (जीनियस के बराबर यह आवश्यक नहीं), सृजनात्मकता और अभिप्रेरणा के संयोजन से है, जिनके आधार पर यह बालक को अपने हम उम्र से अलग करती है तथा यह संभव बनाती है कि वह समाज के लिए निश्चित मूल्य का योगदान दे। (रेन्जुल्ली, रेस एवं स्मिथ, 1981)।

सच्चे प्रजातंत्र की यह मांग है कि प्रत्येक बालक, चाहे उसकी योग्यता श्रेष्ठ, औसत अथवा हीन हो उन्हें उनकी मानसिक क्षमता की सीमा तक विकास के पूर्ण अवसर देना चाहिए। यह प्रतिभाशाली बालक है जो कि अन्य किसी बालक से अधिक क्षमतावान है, उसे अब तक इस अवसर की कमी है। (टर्मन, 1975)।

होरोविट्ज एवं ओब्रियन का विकासात्मक प्रतिमान

होरोविट्ज एवं ओब्रियन (1985) ने प्रतिभाशालिता एवं मंदन और सभी स्तर के निष्पादन को इन दो चरम सीमा के मध्य विकासात्मक प्रतिमान की शब्दावली के मध्य संकल्पनीकृत किया। प्रतिभाशालिता को असाधारण विकासात्मक श्रेष्ठता के रूप में विचारित किया जा सकता है, जो कि अपेक्षाकृत अक्षत और अभेद्य जीव एवं आगे बढ़ाने वाले पर्यावरण का परिणाम है। तात्पर्य यह है कि बालक प्रतिभाशाली स्तर का निष्पादन केवल तभी कर सकता है, जबकि वह (1) अपेक्षाकृत जैव अक्षत हो, (2) ज्यादातर पर्यावरणीय तनाव जो कि निष्पादन को सीमित करने का प्रयास करता है, से अभेद्य हो, तथा ऐसे वातावरण में पला हो जो निष्पादन को बढ़ावा देता हो।

प्रस्तुत प्रतिमान की एक महत्त्वपूर्ण मान्यता यह है कि बालक प्रतिभाशाली अथवा गैर प्रतिभाशाली के रूप में विशिष्ट पक्ष में कार्य कर सकते हैं। जैसे– प्रमस्तिष्क संस्तम्भ (Cerebral Palsy) वाला बालक गामक निष्पादन पर प्रतिभाशाली के स्तर पर मस्तिष्क चोट के कारण निष्पादन नहीं कर पाता है। जबकि यही बालक संज्ञानात्मक विकास के परिप्रेक्ष्य में अथवा गामक कौशलों में प्रतिभाशाली के स्तर पर उसकी मस्तिष्क चोट से अक्षत होने पर निष्पादित कर सकता है। जिस बालक के पैर प्रमस्तिष्क संस्तम्भ (Cerebral Palsy) के कारण बुरी तरह प्रभावित हों, वह एक श्रेष्ठ वैज्ञानिक एवं वायलीन वादक हो सकता है, किंतु वह बालक प्रतिभाशाली नर्तक नहीं हो सकता है, हालांकि सही तकनीक द्वारा इस बालक के गामक निष्पादन में सुधार किया जा सकता है।

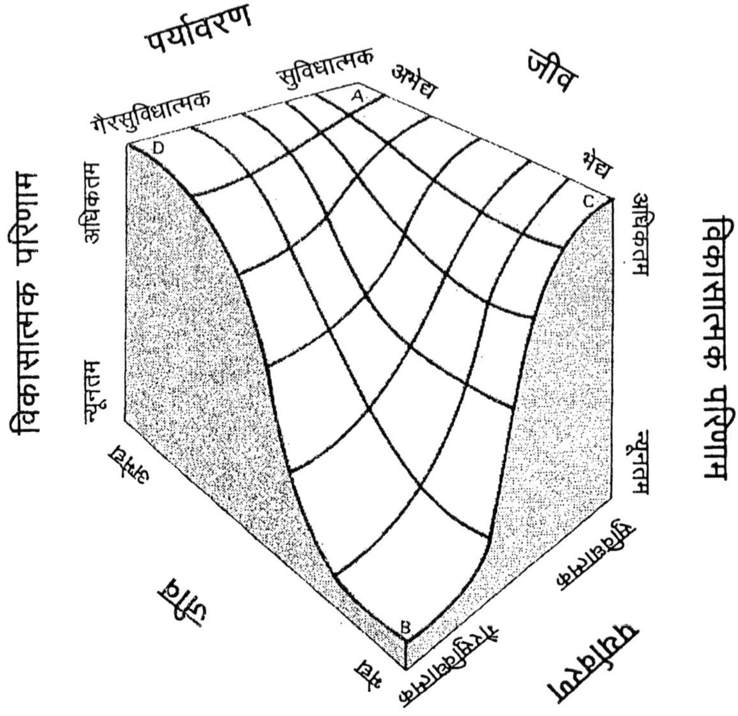

चित्र 1.4: प्रतिभाशालिता को समझने के लिये विकासात्मक प्रतिमान

प्रतिभाशाली बालकों की विशेषताएं

मनोवैज्ञानिकों ने प्रतिभाशाली बालकों की अनेक विशेषताएं बताई हैं जिन्हें आगे प्रस्तुत किया गया है।

निरीक्षण योग्य विशेषताएं (Observable Characteristics)

प्रतिभाशाली बच्चे अपनी कुछ विशेषताएं जैसे, मानसिक के साथ--साथ सामाजिक, संवेगात्मक और शारीरिक भिन्नताओं के कारण अपनी उम्र के बच्चों के समूह में अलग से पहचाने जा सकते हैं। इनकी ये विशेषताएं इस प्रकार हैं--

1. इन बच्चों का स्वास्थ्य अपनी उम्र के सामान्य बालकों की तुलना में उत्तम होता है।
2. ये सामान्य बालकों से ऊँचाई, भार व ताकत में अधिक होते हैं।
3. इनकी ज्ञानेन्द्रियों (आँख, कान, नाक, स्पर्श, स्वाद) का विकास उत्तम एवं शीघ्र होता है।

4. ये वमित्रतापूर्ण एवं बहिर्गामी (Extrovert) होते हैं।
5. कुछ प्रतिभाशाली शर्मीले और एकांतप्रिय होते हैं।
6. ज्यादातर प्रतिभाशाली बालक खुशमिजाज एवं चिन्तारहित होते हैं। लेकिन कुछ चिन्तित व उदास होते हैं।
7. विद्यालय में ये नियमित रूप से उपस्थित होते हैं।
8. गृहकार्य को पूर्ण करके लाते हैं।
9. पाठ्यक्रम के अलावा सहायक पुस्तकें, समाचारपत्र, पत्रिकाएँ आदि पढ़ने में रुचि रखते हैं।
10. कक्षा में सर्वाधिक अंक लाते हैं।
11. अन्य प्रतिभाशाली बालकों से प्रतिस्पर्धा रखते हैं।
12. ये आत्मविश्वासी होते हैं।
13. ये जोखिम के कार्य करने के लिए तैयार रहते हैं। इसी कारण ये प्रगति करते हैं।
14. ये वाद-विवाद स्पर्धा में भाग लेते हैं। कक्षा में व प्रतियोगिताओं में नेतृत्व करते हैं।
15. ये शीघ्र निर्णय लेते हैं।
16. इनका व्यक्तित्व प्रभावशाली होता है।
17. कक्षा में ये बालक अध्यापक से कई प्रकार के प्रश्न करते हैं तथा अपने विचारों को स्वतंत्र रूप से व्यक्त करते हैं।

सकारात्मक विशेषताएँ (Positive Characteristics)

प्रतिभाशाली बालकों की सकारात्मक विशेषताएँ निम्न हैं:–

1. ये आसानी से एवं शीघ्रता से सीखते हैं।
2. ये पढ़ी एवं सुनी गई बातों को बिना रटे याद रखते हैं।
3. इनका शब्द भण्डार सामान्य बालकों की तुलना में अधिक होता है। अपने विचारों एवं भावनाओं को नए-नए शब्दों द्वारा व्यक्त करते हैं।
4. ये कठिन मानसिक कार्यों को पूर्ण कर लेते हैं।
5. इनमें सामान्यीकरण करने, कार्य'कारण संबंध स्थापित करने एवं तर्क करने की योग्यता होती है।
6. इनमें अभिलेखों को एकत्र करने, परीक्षण, गणना तथा वर्गीकृत करने की योग्यता होती है।
7. ये स्पष्ट चिन्तन करते हैं, अर्थ को समझते हैं।

8. व्यावहारिक ज्ञान एवं सामान्य समझ का बहुतायात में उपयोग करते हैं।
9. ये मौलिक होते हैं तथा अच्छी एवं अस्वाभाविक विधियों का उपयोग करते हैं।
10. ये सजग एवं कुशल निरीक्षक होते हैं तथा शीघ्रता से अनुक्रिया करते हैं।
11. इसमें अच्छे से अच्छा कार्य करने की तीव्र इच्छा होती है।
12. इनमें विनोद की अच्छी समझ होती हैं तथा खुश रहते हैं।
13. अपनी उम्र समूह के बच्चों की तुलना में ध्यान एकाग्र करने की क्षमता अधिक होती है।
14. इनमें अमूर्त चिन्तन की योग्यता होती है।
15. ये जिज्ञासु होते हैं।
16. ये स्वतंत्र कार्य को महत्त्व देते हैं। इनमें अकेले कार्य करने तथा स्वयं के प्रयास से वस्तुओं को जानने की स्वाभाविक प्रवृत्ति होती है।

नकारात्मक विशेषताएँ (Negative Characteristics)

प्रतिभाशाली बालकों की कुछ नकारात्मक विशेषताएँ भी होती हैं। जो संभवतः वातावरण में उनकी प्रतिभा में उचित पोषण एवं उपयोग न होने तथा उपेक्षा के कारण विकसित हो जाती हैं।

1. ये अशांत तथा अधीर रहते हैं।
2. लेखन में ये लापरवाही बरतते हैं। अभ्यास करने एवं विस्तार से समझने, धैर्य न होने के कारण ये गणित में अशुद्ध होते हैं।
3. ये ईर्ष्यालु एवं घमंडी होते हैं।
4. पाठ्यक्रम को अपनी योग्यताओं के अनुपात में सरल समझने के कारण आलसी भी रहते हैं।
5. जिन विषयों में उनकी अरुचि होती है उसमें कक्षा कार्य की उपेक्षा करते हैं तथा अध्यापक के आदेश की अवहेलना करते हैं।
6. ये स्वयं की एवं दूसरों की आलोचना करते हैं। ये दूसरों से यहाँ तक कि अपने अध्यापकों से भी असहमति व्यक्त करते हैं।

अन्य विशेषज्ञों द्वारा बताई विशेषताएँ (Characteristics Pointed out by other Experts)

क्लार्क (1988) ने प्रतिभाशाली बालकों की विशेषताएँ पाँच पक्षों में दी हैं। इन विशेषताओं में प्रतिभाशाली बालकों में व्यक्तिगत भिन्नताएँ हो सकती हैं।

(अ) संज्ञानात्मक पक्ष

- सूचनाओं की असाधारण गुणवत्ता असामान्य धारणशीलता।
- प्रगत बोध।
- असामान्य विविध रुचियां एवं जिज्ञासा।
- भाषा विकास का उच्च स्तर।
- शाब्दिक योग्यता का उच्च स्तर।
- दृश्यिक एवं दैशिक योग्यता का उच्च स्तर।
- सूचना संसाधन की असाधारण योग्यता।
- विचार प्रक्रियाओं की त्वरित गति।
- न्याय विचार प्रक्रिया।
- व्यापक संश्लेषण।
- समापन को विलंबित करने की योग्यता।
- असाधारण विमर्शक संबंधों एवं संपूर्ण गेस्टाल्ट को देखने की गुप्त क्षमता।
- मौलिक विचार एवं समाधान उत्पन्न करने की योग्यता।
- विचार संसाधन करने के लिए (अमूर्त एवं विकल्पनात्मकों में चिन्तन, परिणामों का भान होना एवं सामान्यीकरण करना) के लिए प्रारंभ विभेदात्मक शैली।
- संकल्पनात्मक संरचानाओं के निर्माण एवं उपयोग की प्रारंभिक योग्यतां।
- स्वयं एवं दूसरों के प्रति मूल्यांकनात्मक उपागम।
- सतत लक्ष्योन्मुख व्यवहार।
- भावनात्मक पक्ष
- संवेगों के बारे में सूचनाओं का दीर्ध संकलन।
- दूसरों की अपेक्षाओं एवं अनुभूतियों के प्रति असाधारण संवेदनशीलता।
- विनोद की पैनी दृष्टि जो कि उदार एवं बर्बर हो सकती है।
- गुप्त स्व सभानता (Awareness)।
- आदर्श एवं न्याय का बोध, जो प्रारंभिक उम्र में दिखता है।
- आन्तरिक नियंत्रण के केन्द्र का प्रारंभिक विकास।
- नैतिक निर्णय पर प्रगत स्तर।
- स्वयं एवं दूसरों की उच्च अपेक्षाएँ (जो कि प्रायः स्वयं, दूसरों एवं स्थिति से उच्च स्तरीय कुण्ठा को जन्म देती है।
- असाधारण संवेगात्मक गहराई एवं तीव्रता।

(ब) शारीरिक पक्ष

- शारीरिक एवं बौद्धिक विकास में असाधारण विसंगति।
- पैरों के मानक एवं उनकी शारीरिक क्षमता के मध्य निम्न सहनशीलता।
- शारीरिक अच्छेपन की अवलेहना एवं शारीरिक गतिविधि का बचाव।

(स) अन्तर्ज्ञानात्मक पक्ष

- जानने,मानसिक एवं पराभौतिक घटनाओं के प्रति लगाव एवं संलग्नता।
- इस क्षेत्र में अनुभव प्राप्त करने के लिए तत्पर।
- सभी क्षेत्रों में सृजनात्मकता का प्रकटीकरण।
- अन्तर्ज्ञानात्मक योग्यता के उच्च स्तर की स्वीकृति एवं अभिव्यक्ति।

(द) सामाजिक पक्ष

- आत्मवास्तविकीकरण की आवश्यकताओं द्वारा पूरी शक्ति से अभिप्रेरित।
- संकल्पनीकरण एवं सामाजिक समस्याओं के हल के लिए प्रगत संज्ञानात्मक एवं भावात्मक क्षमता।

गल्लाघेर (1976) ने प्रतिभाशाली बालकों के व्यवहार का अध्ययन किया और अपने इस अध्ययन के आधार पर उसने प्रतिभाशाली एवं प्रवीण बालकों की अग्रलिखित विशेषताएँ बतायी हैं:–

1. अधिकतर बालकों का घरेलू जीवन तथा सामाजिक आर्थिक पृष्ठभूमि सामान्य बालकों से श्रेष्ठ होती है।
2. इनका शारीरिक गठन स्वास्थ्य सामान्य बालकों की अपेक्षा उन्नत होता है।
3. ये व्यक्तिगत समस्याओं का समाधान करने में अधिक सक्षम होते हैं एवं इनमें सांवेगिक स्थिरता होती है।
4. ये लोकप्रिय एवं सामाजिक रूप में ग्राह्य होते हैं।
5. इनकी उपलब्धि सामान्य विद्यार्थियों से श्रेष्ठ होती है।

हल्लाहन एवं कौफमैन (1991) ने प्रतिभाशाली बालकों के बारे में निम्न तथ्य बताये हैं:

1. हालांकि व्यक्तिगत विविधताएँ होती हैं, किन्तु समूह के रूप में प्रतिभाशाली विशिष्ट रूप से स्वस्थ, सुसमायोजित, सामाजिक रूप से आकर्षक और नैतिक रूप से उत्तरदायी होते हैं।

2. प्रतिभाशाली मानव वे हैं जो कि निश्चित क्षेत्र में असाधारण प्रतिभा रखते हैं।
3. प्रायः प्रतिभाशाली बालक विद्यालय को पसंद करते हैं एवं अपने सहपाठियों एवं अध्यापक से सुसमायोजित होते हैं।
4. प्रतिभाशाली संवेगात्मक रूप से स्वस्थ होते हैं।
5. आबादी में प्रतिभाशालियों का प्रतिशत प्रतिभाशाली की परिभाषा पर निर्भर करता है। कुछ परिभाषाएँ एक अथवा दो प्रतिशत को शामिल करती हैं जबकि अन्य 20 प्रतिशत से अधिक।
6. कुछ बालक जन्म से ही प्रतिभा प्रदर्शित करते हैं जो कि जीवन पर्यन्त जारी रहती है, जबकि अन्य मामलों में प्रतिभा की पहचान प्रौढ़ावस्था के आने पर होती है। ऐसा कभी कभी ही होता है कि जो कि बालक बचपन में प्रतिभा प्रदर्शित करे वह बाद में प्रतिभाशाली न रहे।
7. इन्हें विद्यालय में पहले प्रवेश मिला तथा प्राथमिक कक्षा पास करते-करते 85 प्रतिशत छात्रों ने सामान्य बालकों की तुलना में दो कक्षा अधिक उत्तीर्ण कीं। शाला के विषयों, जैसे इतिहास, भूगोल, सामान्य विज्ञान, गणित, वाचन, साहित्य और व्याकरण में ये अन्य छात्रों से आगे रहे तथा ड्राइंग, चित्रकला, व्यायाम आदि में ये अन्य छात्रों से आगे नहीं रहे।
8. इन बालकों में पढ़ने का शौक पाया गया।
9. इन बच्चों में स्वयं प्रयास कर पढ़ने एवं सीखने की प्रवृत्ति पायी गयी। ये उच्च साहित्यिक पुस्तकें पढ़ते पाए गये।
10. प्रतिभाशाली बालकों में खेल संबंधी जानकारी अधिक पाई गई किंतु खेलों में चयन में सामान्य एवं प्रतिभाशाली बालकों में अंतर नहीं पाया गया। प्रतिभाशाली बच्चों का झुकाव ऐसे खेल में अधिक होता है, जो अधिक उम्र के लोग खेलते हैं।
11. इन बच्चों का व्यक्तित्व मनोरोगिक लक्षणों से अपेक्षाकृत मुक्त पाया गया। इनकी संवेगात्मक स्थिरता भी बेहतर पाई गई।
12. मौलिकता, जिज्ञासा, आत्म विश्वास, विनोदप्रियता, सच्चाई, दूरदर्शिता नेतृत्व इत्यादि में ये सामान्य बालकों की अपेक्षा आगे पाए गये।
13. अधिकांश प्रतिभाशाली बालक अपने माता-पिता की पहली संतान थे।

कैथरीन काक्स का अध्ययन

कैथरीन काक्स ने 300 महान व्यक्तियों का चयन किया, जो अपनी प्रतिभा द्वारा मनुष्य के लिए अमूल्य योगदान दे गए। उपलब्ध स्रोतों जैसे जीवनियाँ, बौद्धिक

कार्य इत्यादि का गहन अध्ययन किया गया एवं तीन प्रसिद्ध मनोवैज्ञानिकों द्वारा उनकी मानसिक उम्र एवं बुद्धि-लब्धि निकाली गयी। तीनों द्वारा बताई बुद्धि-लब्धि का औसत लिया गया। इन व्यक्तियों की औसत बुद्धि-लब्धि 155 पाई गई।

कुछ विशिष्ट व्यक्तियों की बुद्धि-लब्धि आगे दी गई है:

व्यक्ति	बुद्धि-लब्धि
गेटे	200
फ्रांसिस गाल्टन	200
कालरिज	175
वाल्टेयर	180
मैकाले	180
लांगफेलो	170
लूथर	170
फैराडे	170
कांट	175
लिबनिज	190
मोजार्ट	165
डार्विन	165
डिकेंस	180
डैवी	185
गैलीलियो	185

इनमें से अनेक को शाला में पिछड़ा माना जाता था। इसका मूल कारण यह था कि जो भी प्रतिभाशालियों को पढ़ाया गया होगा उसे वे जानते होंगे अथवा उनकी प्रतिभा के क्षेत्र में परे होगा।

प्रसिद्ध भारतीय गणितज्ञ श्री निवास रामानुजन एवं साहित्यकार रवीन्द्रनाथ टैगोर को भी उनके शिक्षक कमजोर मानते थे।

2

प्रतिभाशाली बालक की पहचान
(Identification of Gifted Child)

प्रत्येक शिशु अपने व्यवहार द्वारा माता-पिता एवं अध्यापकों को संकेतों का एक सतत प्रवाह देता है, जिसके द्वारा वह अपने आप को एक व्यक्ति के रूप में व्यक्त करता है, जिससे उसके माता-पिता एवं अध्यापक उसे समझ एवं पहचान सकते हैं। जिन माता-पिता एवं अध्यापकों में इन संकेतों के निर्वचन का कौशल होता है, वे यह आसानी से ज्ञात कर सकते हैं कि बालक प्रतिभाशाली है अथवा नहीं। तब वे उसके लिए उन कार्यक्रमों का निर्माण कर सकते हैं अथवा उसे वहाँ प्रवेश दिला सकते है जहाँ वे अपने सामर्थ्य के अनुरूप अधिकतम उपलब्धियाँ अर्जित कर अपने आप को एवं समाज को संतुष्ट कर सके। प्रतिभाशाली बालक की पहचान निम्न से की जा सकती है:

माता-पिता के निरीक्षण (Parental Observation)

माता-पिता अपने विद्यालय पूर्व के बालक की इच्छाएँ, अभिवृत्तियों और व्यवहार के निरीक्षण की सर्वश्रेष्ठ स्थिति में होते हैं। यदि माता-पिता इन व्यवहारों का निरीक्षण एवं निर्वचन बिना भेदभाव के करते हैं, तभी इनकी उपयोगिता हो सकती है। लेकिन प्रायः माता-पिता अपने बालक की सामर्थ्यों को बढ़ा-चढ़ाकर व्यक्त करते हैं। अतः इनके निरीक्षणों एवं सुझावों पर सावधानीपूर्वक विचार करना चाहिए।

प्रतिभाशालिता का क्षेत्र जिसे बालक अपने प्रारंभिक जीवन में प्रदर्शित करता है, वह है -- शरीर को नियंत्रण एवं निर्देशित करने की योग्यता, जैसे संतुलन, पकड़, रेंगना एवं चलना। भाषा का उपयोग भी इसे प्रदर्शित करता है। समय की समझ तथा पर्यावरण के बारे में आश्चर्य व्यक्त करना भी प्रतिभाशालीपन के द्योतक हैं। यांत्रिक एवं सामान्य खोजीपन भी इसी अवस्था में प्रदर्शित होते हैं।

प्रतिभाशाली बालक समूह में चलना एवं बातचीत करना, अपने हम उम्र औसत बुद्धि वाले बालकों से पहले प्रारंभ कर देते हैं। वे शब्दों से अर्थपूर्ण वाक्य बना लेते हैं। जब उनमें भाषा कौशल विकसित हो जाता है, तब वे प्रत्येक वस्तु, जिसे वे देखते हैं, के बारे में प्रश्न करना प्रारंभ कर देते है। तथा वार्तालाप के ज़्यादातर समय वे उत्तरों को सुनते हैं। उनके प्रश्न के उदाहरण है – कल कहाँ गया? कल (आने वाला) कहाँ है? सूर्य प्रातःकाल क्यों उगता है? वर्षा कैसे होती है?

यहाँ एक प्रश्नावली दी गई है, जिसे कनाडा के विद्यालयों में पालकों को उपयोग करने के लिए दिया गया था।

प्रतिभाशाली बच्चों के बारे में विद्यालय मंडल की पूछताछ –

माता–पिता का नाम एवं पता..

1. बालक का नाम ....
2. लड़का / लड़की ....
3. उम्र (वर्ष एवं माह) ....
4. विद्यालय का नाम ....
5. वर्तमान ग्रेड / श्रेणी ....
6. बालक में वे कौन सी विशेषताएँ हैं जिनके आधार पर आप यह विचार करते हैं कि योग्यता में वह औसत से ज़्यादा है? निम्न में से जो प्रयुक्त हो, उसकी जाँच कीजिए, यदि अन्य कोई हो तो उसे जोड़िए।

(अ) तीन वर्ष की उम्र में धारा-प्रवाह बोलता है एवं कठिन शब्दों का उपयोग करता है।

(ब) 4-5 वर्ष में पढ़ना सीख गया है।

(स) किसी विशिष्ट क्षेत्र में सतत एवं गहन रुचि दिखाई तो वह कौन-सा क्षेत्र है?

(द) प्रगत प्रकरणों एवं विचारों में असाधारण समझ दिखाता है।

(इ) अनेक प्रकरणों का असाधारण ज्ञान और बहुत अच्छी स्मृति प्रदर्शित करता है।

(ई) अस्वाभाविक कल्पना करता है, अपनी अवकाशकालीन गतिविधियों में मौलिकता प्रदर्शित करता है।

(क) खेलों में एवं अभिरुचियों में तथा अपने लिए कार्य करने में असाधारण स्वतंत्रता प्रदर्शित करता है।

(ख) कहता है कि उसके विद्यालय का कार्य अत्यन्त सरल होने के कारण नीरस है।

(ग) विद्यालय में हमेशा उच्च ग्रेड प्राप्त करता है (अन्य हो तो कृपया बताइये)

7. विद्यालय एवं विद्यालय के बाहर पढ़ने पर लगाए गए अनुमानित घण्टों की संख्या।
8. उसकी मुख्य पठन रुचियाँ क्या है? (पुस्तकों, पत्रिकाओं, समाचार पत्रों, हँसी मजाक की कहानियाँ, विश्वकोष, भाषा, विज्ञान, साहित्य इत्यादि के प्रकार)
9. उसकी विशिष्ट अभिरुचियाँ एवं रुचियाँ क्या हैं – (अर्थात, संग्रहण, प्रतिमान बनाना, फोटोग्राफी, चित्रकारी इत्यादि)
10. आप उसकी प्रतिभा एवं रुचि को विकसित करने के लिए उसे प्रोत्साहित करने के लिए क्या करते है? निम्न में से जो प्रयुक्त हो, जाँच कीजिए–

(अ) अधिक प्रगत पुस्तकें प्रदान करना।

(ब) वैज्ञानिक प्रतिमान बनाने एवं चित्रकारी की सामग्री प्रदान करना।

(स) स्थानीय ग्रंथालय का उपयोग करने के लिए प्रोत्साहित करना।

(द) संगीत पाठ की व्यवस्था करना।

(इ) पर्यटन के लिए सग्रंहालय अथवा रुचि के अन्य स्थान पर परिवार सहित जाना।

(ई) उन्हें दूरदर्शन के गंभीर कार्यक्रम देखने के लिए प्रोत्साहित करना।

(क) विद्यालयीन गृहकार्य में सहायता करना।

(ख) नाटक एवं अच्छी फिल्में देखने जाना।

(ग) उसके साथ राजनैतिक एवं संसार की खबरों पर चर्चा करना।

11. क्या आप में प्रतिभाशाली के बारे में विशेष रुचि है, जो आप इनके समूह के साथ बाँटना चाहते है।

अध्यापक निरीक्षण / मनोनयन (Teacher Observation / Nomination)

बच्चों की गतिविधियों का अध्यापक द्वारा निरीक्षण करना एवं उनके अनुसार निर्णय देना प्रतिभाशाली बालकों के पहचान का अन्य निकष है। अध्यापक यह

देखता है कि कौन-सा विद्यार्थी संदर्भ सामग्री का उपायोग असाधारण अंश तक करता है तथा कौन-सा विद्यार्थी कक्षा कार्य को शीघ्रता से पूर्ण कर लेता है। कौन-सा विद्यार्थी कक्षा ग्रंथालय की पुस्तकों को सतत रूप से पढ़कर शीघ्र समाप्त कर लेता है एवं अध्यापक से अन्य संदर्भ पुस्तकों के बारे में पूछता है। अध्यापक को यह ज्ञात होता है कि उसकी कक्षा का कौन-सा विद्यार्थी कक्षा में सक्रिय रहता है। प्रश्न का सही उत्तर तुरंत देता है, जिसके उत्तर की गुणवत्ता उच्च होती है। प्रतिभाशाली विद्यार्थी अपनी जिज्ञासु प्रवृत्ति के कारण अध्यापक से अनेक प्रकार के प्रश्न करते हैं। इन सभी के आधार पर अध्यापक उनका मनोनयन कर सकता है।

पेग्नारो (1959) के शोध परिणाम बताते हैं कि शिक्षकों द्वारा मूल्यांकन भी ज्यादातर सही नहीं होते। अनेक मनोवैज्ञानिकों का मानना है कि अध्यापक गैर परम्परागत चीजों को अस्वीकार कर देते हैं। यद्यपि उन्हें प्रतिभाशाली बालकों की विशेषताओं की सूची देकर उनसे ध्यान देकर बालक में उनकी उपस्थिति देखने को कहा जा सकता है। जैसे–

1. कक्षा के अन्य बालकों की तुलना में जो ज़्यादा बुद्धिमान हो।
2. किरी क्षेत्र गें प्रतिभाशाली हो, जैरो कला, विज्ञान, गणित।
3. शीघ्रता से सीखने वाला हो।
4. धारा प्रवाह बोलने वाला हो।
5. असाधारण सामान्य ज्ञान रखता हो।
6. अस्वाभाविक प्रश्न करता हो।

रेन्जुल्ली एवं हार्टमैन (1971) ने श्रेष्ठ विद्यार्थियों की व्यावहारिक विशेषताओं के लिए निर्धारण मापनी विकसित की है।

अध्यापक टेनिस, फुटबाल, क्रिकेट, तैराकी के प्रतिभाशाली खिलाड़ियों को निरीक्षण के द्वारा पहचान सकते हैं।

अध्यापक के अंक (Teacher Marks)

अध्यापक द्वारा प्रदान किए गए अंकों की व्याख्या बालकों के शैक्षिक विषयों के निष्पादन के रूप में की जा सकती है। अध्यापक इन रिकार्डों की जाँच कर यह खोज सकते हैं, कि अन्य अध्यापकों ने बालक के कार्य की गुणवत्ता के बारे में क्या निर्णय लिए हैं। केवल ग्रेड के द्वारा बालक की सामर्थ्य का पता नहीं लगाया जा सकता है। अध्यापक ग्रेड का निर्वचन अलग-अलग प्रकार से कर सकते हैं। वे प्रवेश के समय की ग्रेड एवं कक्षा छोड़ने के समय की ग्रेड की तुलना कर सकते हैं।

स्वास्थ्य रेकॉर्ड (Health Records)

उन विद्यालयों में जहाँ नर्स एंवं डॉक्टर की सेवाएँ उपलब्ध होती हैं, तथा बालक के स्वास्थ्य का रेकार्ड रखा जाता है, बालक की पिछली उपस्थिति के आधार पर उसके शारीरिक स्वास्थ्य की पहचान की जा सकती है। प्रतिभाशाली इस क्षेत्र में श्रेष्ठ होते हैं।

मानकीकृत परीक्षण (Standardised Test)

मनोविज्ञान के मानकीकृत परीक्षणों के आधार पर प्रतिभाशाली बालक की पहचान की जा सकती है।

बुद्धि परीक्षण (Intelligence Test)

अनेक विद्यालयों में सामूहिक बुद्धि परीक्षणों का रेकॉर्ड रखा जाता है। बालक की उम्र, शिक्षा, मातृभाषा, संस्कृति के आधार पर उपलब्ध शाब्दिक एवं अशाब्दिक बुद्धि परीक्षण का चयन कर प्रतिभा संपन्नता की पहचान की जा सकती है। हमारे देश में प्रयुक्त कुछ प्रमुख बुद्धि परीक्षण निम्न हैं–

1. भाटिया निष्पादन बुद्धि परीक्षण।
2. वेश्लर बुद्धि परीक्षण।
3. रावेन्स एडवान्सड प्रोग्रेसिव मेंटराइसेस (केवल प्रतिभाशाली बच्चों के लिए)

उपलब्धि परीक्षण (Achievement Test)

बुद्धि परीक्षणों द्वारा उच्च बुद्धि ज्ञात हो सकती है, किन्तु यह इस बात से आश्वस्त नहीं करता कि उस बालक की उपलब्धि भी असाधारण ही होगी। बालक की उपलब्धि के स्तर का पता लगाने के लिए एवं उसकी शक्ति एवं कमजोरी ज्ञात करने के लिए मानकीकृत उपलब्धि परीक्षणों का उपयोग किया जा सकता है। अध्यापक निर्मित परीक्षणों की तुलना में ये अधिक विश्वसनीय होते हैं।

मानकीकृत उपलब्धि परीक्षणों के फलांक विभिन्न विद्यालयीन विषयों में उसके उपलब्धि निष्पादन को दर्शाते हैं। इन फलांकों को उच्च बुद्धि वाले बालक से अपेक्षा के अनुरूप देखा जाता है। तब माता-पिता एवं अध्यापक इस सूचना के आधार पर उसकी सहायता कर सकते हैं।

अभिक्षमता परीक्षण (Aptitude Test)

अभिक्षमता परीक्षण एक अन्य माध्यम है जिसके द्वारा उस बालक की पहचान की जा सकती है, जो कुछ प्रतिभा अथवा प्रतिभाशालिता रखता है।

रुचि अनुसूचियाँ (Interest Inventories)

कभी-कभी विद्यार्थी एवं उनके माता-पिता अभिक्षमता परीक्षणों एवं रुचि अनुसूचियों में भ्रमित हो जाते है। अभिक्षमता परीक्षण के परिणाम निश्चित क्षेत्र में वर्तमान योग्यताओं को प्रदर्शित करते हैं जबकि रुचि केवल यह बताती है कि बालक क्या बनना पंसद करता है। रुचि अर्जित होती है। इसका योग्यता के साथ संबंध नहीं भी होता है। अतः केवल रुचि के आधार पर इनकी पहचान नहीं की जा सकती है।

समाजमिति परीक्षण (Sociometric Tests)

समाजमिति वह तकनीक है, जिसके द्वारा किसी समूह के सदस्यों के अन्तरवैयक्तिक संबंधों का अध्ययन उनके सदस्यों के द्वारा व्यक्त आकर्षण एवं विकर्षण अथवा विभेद के द्वारा किया जाता है। प्रस्तुत तकनीक का विकास जे.एल. मोरेनो ने 1934 में किया था। इसमें समूह के सदस्यों से किसी दिए गए निकष के आधार पर अन्य सदस्यों के बारे में अपनी पंसद या नापंसद पूछी जाती है।

एक बालक से एक या दो निकष के आधार पर एक या एक से अधिक व्यक्तियों को चुनने को कहा जाता है। जैसे आप किसके साथ खेलना पसंद करेंगें। आप किसके साथ स्कूल जाना पसंद करेंगें? तब बालक एक, दो, तीन या अधिक सदस्यों के नाम पसंद क्रम में व्यक्त करता है।

समांजमिति पसंद के प्रकार (कर्लिंगर 1978)

समाजमिति पसंदों को विस्तृत रूप में समझा जाना आवश्यक है। इसका अर्थ केवल व्यक्तियों की पसंद ही नहीं है किन्तु इसका यह अर्थ भी हो सकता है कि सम्प्रेषण की पसंद, प्रभावों की पसंद या अल्पसंख्यक समूह की पसंद। यह बालक को दिए गए निर्देश एवं प्रश्नों पर आश्रित होती है। उदाहरण के लिए समाजमिति प्रश्नों एवं निर्देशों की सूची नीचे दी गयी है–

- आप किसके साथ खेलना पसंद करेंगे?
- इस समूह के किन दो सदस्यों को आप सबसे अधिक/सबसे कम पसंद करते हैं?
- आपकी कक्षा में सबसे अच्छे अथवा सबसे बुरे विद्यार्थी कौन-से हैं?
- आप किसे अपनी कक्षा का प्रतिनिधि चुनना पसंद करेंगे?
- आपकी कक्षा में किन चार विद्यार्थियों की सबसे अधिक प्रतिष्ठा है?

समाजमिति में पसंद एवं नापसंद के विभिन्न प्रकार हो सकते हैं। सर्वाधिक पसंद वाले छात्र में नेतृत्व गुण पाया जाता है। नेतृत्व का गुण प्रतिभाशाली से साहचर्यित होता है।

संचयी अभिलेखों का निर्वचन (Interpretation of Cumutative Records)

प्रायः सभी विद्यालयों में संचयी अभिलेख रखे जाते हैं। इन अभिलेखों की सहायता से अध्यापक बालक की पारिवारिक पृष्ठभूमि, पिछली कक्षाओं की ग्रेड/श्रेणी, मानकीकृत परीक्षणों पर प्राप्तांक एवं स्वास्थ्य प्रदत्त, व्यक्तित्व विशेषक इत्यादि सूचनाएँ प्राप्त कर उनका निर्वचन कर सकते हैं। चूंकि ये अभिलेख मानव द्वारा तैयार किए जाते है, अतः उनमें मानव त्रुटियाँ एवं पूर्वाग्रह होना स्वाभाविक है। इस कारण इनका निर्वचन अत्यन्त सावधानीपूर्वक किया जाना चाहिए।

राष्ट्रीय प्रतिभा खोज योजना (National Talent Search Planning)

भारत सरकार द्वारा देश की विद्यालयीन शिक्षा में गुणात्मक सुधार लाने के विचार से राष्ट्रीय शैक्षिक अनुसंधान और प्रशिक्षण परिषद् (एन.सी.ई.आर.टी.) की स्थापना सन् 1961 में की गई। इस परिषद् के प्रमुख कार्यक्रमों में से एक है प्रतिभाशाली छात्रों की पहचान तथा उनको प्रोत्साहित करना, ताकि वे न केवल अपनी रुचि के विषय का ज्ञान बढ़ाएँ, बल्कि विशिष्टता सहित राष्ट्र की सेवा करें। कार्यान्वयन के प्रथम वर्ष में यह योजना केवल दिल्ली संघ राज्य क्षेत्र तक सीमित थी जिसमें ग्यारहवीं कक्षा के छात्रों को केवल 10 छात्रवृत्तियाँ दी गई थीं। लेकिन 1963 में इस कार्यक्रम ने राष्ट्रीय विज्ञान प्रतिभा खोज योजना (एन.एस.टी.एस.एस.) का रूप ले लिया, जो प्रतिभाशाली छात्रों को पहचानने और उन्हें छात्रवृत्ति प्रदान करने के लिए था।

सन् 1964 में यह योजना ग्यारहवीं कक्षा के छात्रों हेतु 350 छात्रवृत्तियों सहित देश के सभी राज्यों और संघ राज्य क्षेत्रों तक विस्तारित की गई थीं।

ये छात्रवृत्तियाँ एक लिखित परीक्षा, एक परियोजना प्रतिवेदन और साक्षात्कार के आधार पर प्रदान की गई थीं। लिखित परीक्षा में विज्ञान योग्यता परीक्षा तथा दी गई वैज्ञानिक विषयवस्तु पर एक निबंध शामिल था। लिखित परीक्षा के समय छात्रों को परियोजना प्रतिवेदन जमा करना होता था। इन तीन संघटकों के आधार पर प्रत्याशियों की एक अनुबंधित संख्या का व्यक्तिगत साक्षात्कार लिया जाता था। प्रत्याशियों के इन चारों संघटकों में प्रदर्शन पर इन्हें छात्रवृत्ति देने हेतु अंतिम रूप से विचार किया जाता था। ये छात्रवृत्तियाँ केवल मूलभूत विज्ञान में शोध उपाधि स्तर तक शिक्षा जारी रखने के लिए दी गई थीं।

शिक्षा प्रणाली में परिवर्तन के साथ इस योजना में भी परिवर्तन किए गए तथा अंक मूलभूत विज्ञान तक सीमित न रहकर सामाजिक विज्ञान, अभियांत्रिकी और चिकित्सा विज्ञान तक विस्तारित किए गए हैं। वर्तमान में इसे एक नया नाम राष्ट्रीय प्रतिभा खोज परीक्षा योजना (एन.टी.एस.एस.) दिया गया है। पूर्व में यह योजना जो पूरी तरह से केंद्रित थी और कक्षा दस, ग्यारह और बारहवीं कक्षा के छात्रों के लिए थी, अब इसे आंशिक रूप से विकेन्द्रीकृत किया गया है तथा केवल कक्षा दस तक सीमित रखा गया है। इसकी चयन प्रक्रिया में भी परिवर्तन किया गया है। अब प्रत्याशियों को केवल दो लिखित वस्तुनिष्ठ मानसिक योग्यता परीक्षा (एम.ए.टी.) तथा शैक्षिक योग्यता परीक्षा (एस.ए.टी.) देनी होती हैं। ये परीक्षाएँ अलग-अलग राज्य/संघ राज्य क्षेत्रों द्वारा आयोजित की जाती हैं। एम.ए.टी. में 100 बहुविकल्पी प्रकार के प्रश्न होते हैं, जिन्हें सभी प्रत्याशियों द्वारा हल किया जाना होता है। इसके द्वारा प्रत्याशी की तार्किक क्षमता,सोचने की क्षमता, निर्णय लेने की क्षमता, मूल्याकंन अथवा विभेद करने, अंतरिक्ष, आकाशीय विन्यास में कल्पना करने की क्षमता आदि को परखा जाता है। एस.ए.टी. में 100 बहुविकल्पी प्रश्न होते है, जिनमें से विज्ञान से 40, सामाजिक विज्ञान से 40 और गणित से 20 होते हैं। इस परीक्षा में प्रयुक्त प्रश्न विषय के ज्ञान के अलावा विद्यार्थी का नयी समस्या को सुलझाने में ज्ञान के उपयोग की क्षमता को मापा जाता है।

इन दो परीक्षाओं को उत्तीर्ण करने वाले प्रत्याशियों की एक निश्चित संख्या को साक्षात्कार के लिए बुलाया जाता है, जिसमें से अंतिम चयन किया जाता है। आयोजन राष्ट्रीय स्तर पर एन.सी.ई.आर.टी द्वारा किया जाता है और इस प्रकार छात्रवृत्ति का अंतिम रूप से निर्धारण प्रत्याशी के तीन संघटकों एम.ए.टी.,एस.ए.टी. और साक्षात्कार में प्राप्त अंकों के आधार पर किया जाता है।

इस योजना द्वारा प्रदान की जाने वाली छात्रवृत्तियों की संख्या में निरंतर वृद्धि की जा रही है। वर्तमान में इस योजना के अंतर्गत कुछ शर्तोनुसार प्रत्याशियों को विज्ञान और सामाजिक विज्ञान विषयों में पी.एच.डी. और व्यावसायिक पाठ्यक्रमों में माध्यमिक डिग्री स्तर तक की शिक्षा जारी रखने के लिए छात्रवृत्ति दी जाती है।

इस प्रकार राष्ट्रीय प्रतिभा खोज योजना प्रतिभाशाली छात्रों को पहचानने और प्रोत्साहित करने का एक महत्त्वपूर्ण निकष है।

3

प्रतिभाशालियों पर किये गये शोध
(Researches Conducted on Gifted)

प्रस्तुत अध्याय में संबंधित शोधों को प्रतिभाशाली की पहचान एवं विशेषताएँ, प्रतिभाशाली का समायोजन, प्रतिभाशालियों पर किये गये अन्य शोध के अन्तर्गत वर्गीकृत किया गया है।

प्रतिभाशाली की पहचान व विशेषताएँ (Identification and Characteristics of Gifted)

प्रस्तुत शीर्षक से संबंधित 10 शोध कार्य किए गए हैं। ये शोध कार्य हालिंगवर्थ एवं टेलर (1926), हालिंगवर्थ (1933, 1942), ब्रम्बाध (1936), टर्मन एवं ओडन (1959), भट्ट (1966), देव (1969), वालिया (1973), संपत (1984) ने किए हैं, जिन्हें कालानुक्रमानुसार यहाँ प्रस्तुत किया गया है।

हालिंगवर्थ एवं टेलर (1926) ने मानसिक रूप से श्रेष्ठ बालकों की शारीरिक विशेषताओं का अध्ययन किया। इस अध्ययन में बुद्धि परीक्षण के आधार पर 135 से 190 बुद्धि लब्धि के 9 से 11 वर्ष की उम्र के 45 विद्यालयीन विद्यार्थियों का चयन किया गया तथा निष्कर्ष रूप में मानसिक श्रेष्ठ बालक शारीरिक रूप से भी श्रेष्ठ पाए गए। उनका स्वास्थ्य, शारीरिक ताकत, गति और सुंदरता बेहतर पाई गई। सामान्य बालकों से तुलना करने पर प्रतिभाशाली बालकों की ऊँचाई व भार भी अधिक पाया गया तथा ताकत एवं गति में भी ये अपने हम उम्र बच्चों से बेहतर पाए गए।

टर्मन (1926) ने प्रतिभाशाली बालकों की मानसिक विशेषताओं का अध्ययन किया और निष्कर्ष दिया कि 50 प्रतिशत प्रतिभाशाली बालक विद्यालय जाने से पूर्व पढ़ना सीख चुके थे। प्रतिभाशाली विद्यार्थी शब्दकोष, विश्वकोष एवं एटलस का उपयोग करते पाए गए।

हालिंगवर्थ (1933) ने प्रतिभाशाली बालकों की संवेगात्मक विशेषताओं का अध्ययन किया। न्यादर्श के रूप में 135 से 190 बुद्धिलब्धि वाले 55 प्रतिभाशाली

बालकों का चयन किया गया। शोध में बर्नयुटर अधिसूचना उपकरण का प्रयोग किया गया।

शोध के निष्कर्ष थे – उच्च प्रतिभाशाली व्यक्ति अल्प तंत्रिकातापी (Neurotic), अधिक आत्मनिर्भर एवं कम घुलने-मिलने वाले होते हैं।

हालिंगवर्थ (1942) ने प्रतिभाशाली बालकों की मानसिक विशेषताओं का अध्ययन किया और निष्कर्ष दिया कि प्रतिभाशाली व्यक्ति औसत व्यक्तियों की तुलना में शीघ्रता से साधारण संकल्पनाएँ सीखते हैं। वे अपने पाठ का मुख्य प्रसंग अधिक शीघ्रता से ग्रहण करते हैं। वे शब्द एवं शब्दों के अर्थ के प्रति अधिक सजग पाए गए। परिपक्वता प्राप्त करते समय प्रतिभाशाली बालक अपना विशिष्ट स्तर बनाए रखते पाए गए अर्थात् यदि वे बचपन में बौद्धिक रूप से श्रेष्ठ हों, तब माध्यमिक कक्षाओं तक जाने पर भी श्रेष्ठ ही होंगे।

ब्रम्बाध (1956) ने प्रतिभाशालियों की संवेगात्मक विशेषताओं का अध्ययन किया और निष्कर्ष दिया कि प्रतिभाशालियों का मानसिक स्वास्थ्य बेहतर होता है। वे परीक्षाओं में सामान्य बालकों की तुलना में कम नकल करते पाए गए। वे दंभी भी नहीं पाए गए। उनका सामाजिक एवं व्यक्तिगत समायोजन सामान्य बालकों से बेहतर पाया गया। उनमें मनोविक्षिप्ति के लक्षण नहीं पाए गए।

टर्मन एवं ओडन (1959) ने प्रतिभाशालियों के व्यक्तिगत स्वास्थ्य का अध्ययन किया और निष्कर्ष निकाला कि 90 प्रतिशत प्रतिभाशाली पुरुष एवं 84 प्रतिशत से 88 प्रतिशत महिलाओं का स्वास्थ्य अच्छे से बहुत अच्छा पाया गया। उनकी मृत्युदर भी अपेक्षा से कम पाई गई। उनकी दुघर्टना में हुई मृत्यु भी सामान्य से कम पाई गई।

भट्ट (1966) ने प्रतिभाशाली बच्चों का अध्ययन किया। इनके अध्ययन के मुख्य उद्देश्य थे–

1. प्रतिभाशाली छात्रों की संख्या के लिए सरल व मितव्ययी प्रक्रिया को विकसित करना,
2. प्रतिभाशाली बच्चों के व्यक्तित्व गुणों का अध्ययन करना।

न्यादर्श के रूप में 180 विद्यार्थियों को स्तरीकृत न्यादर्श विधि के आधार पर लिया गया। शोध में व्यक्तित्व गुणों की स्वनिर्मित सूची तथा साक्षात्कार प्रविधि उपकरणों का प्रयोग किया गया।

शोध के मुख्य निष्कर्ष थे – प्रतिभाशाली छात्र, अप्रतिभाशाली छात्रों की तुलना में बौद्धिक लक्ष्य, नियमित अध्ययन, नेतृत्व-योग्यता, मौलिकता, समझ, विनम्रता तथा साथियों के चयन में श्रेष्ठ पाए गए।

देव (1969) ने प्रतिभाशाली किशोरों की पहचान व उनकी विशेषताओं का अध्ययन किया। इनके शोध के उद्देश्य थे–

1. प्रतिभाशाली व सामान्य समूहों को शाब्दिक व अशाब्दिक परीक्षण के प्रयोग द्वारा पहचानने की एक अच्छी प्रक्रिया का विकास करना, और
2. निश्चित विशेषताओं के आधार पर दोनों समूहों की तुलना करना।

न्यादर्श के रूप में बुद्धि परीक्षण के द्वारा 14 से 18 वर्ष की आयु के 200 किशोरों को लिया गया। शोध में स्व-संकल्पना सूची, बर्नयुटर व्यक्तित्व अनुसूची, बेल समायोजन सूची, प्रश्नावली आदि उपकरणों का प्रयोग किया गया।

शोध के मुख्य निष्कर्ष थे–

1. प्रतिभाशाली लड़के स्व-संकल्पना के प्रति सकारात्मक थे, जबकि सामान्य लड़के स्व-संकल्पना के प्रति उच्च नकारात्मक थे,
2. प्रतिभाशाली लड़कियाँ स्व-संकल्पना के प्रति उच्च नकारात्मक थी, जबकि सामान्य लड़कियाँ स्व-संकल्पना के प्रति उच्च सकारात्मक थीं, और
3. प्रतिभाशाली लड़के, सामान्य लड़कों की तुलना में अधिक समायोजित थे।

वालिया (1973) ने प्रतिभाशाली किशोर और उनकी स्व-संकल्पना पर शोध कार्य किया। इनके अध्ययन के मुख्य उद्देश्य थे–

1. शाब्दिक व अशाब्दिक बुद्धि परीक्षण के द्वारा प्रतिभाशाली किशोर को पहचानने के उपागम बताना,
2. प्रतिभाशाली किशोरों तथा सामान्य किशोरों के आदर्श तथा वास्तविक स्व.संकल्पना के अनुमान की तुलना करना।

न्यादर्श के रूप में 14 से 18 वर्ष के 200 विद्यार्थियों को शाब्दिक व अशाब्दिक बुद्धि परीक्षण के आधार पर लिया गया। जिसमें लड़के व लड़कियों की संख्या समान थी। शोध में बेल का संशोधित परीक्षा प्रारूप, जलोटा समूह परीक्षण, सिंह समूह परीक्षण, रेवेन्स स्टेन्डर्ड प्रोग्रेसिव मेटराइसेस, स्व-संकल्पना सूची आदि उपकरणों का प्रयोग किया गया।

अध्ययन के मुख्य निष्कर्ष थे–

1. व्यक्ति के स्व-बोध तथा स्व के विभिन्न आयामों पर बुद्धि का सार्थक प्रभाव पड़ता है,

2. प्रतिभाशाली किशोरों की सामान्य किशोरों की तुलना में उच्च आदर्श स्व-संकल्पना थी, और
3. प्रतिभाशाली किशोरों तथा सामान्य किशोरों के वास्तविक स्व-संकल्पना में सार्थक भिन्नता नहीं थी।

गननमबाल (1982) ने प्रतिभाशाली बच्चों की पहचान पर शोध कार्य किया। उनके शोध के उद्देश्य थे–

1. बच्चों की प्रतिभाशालिता से संबंधित तथ्यों का पता करना।
2. प्रतिभाशाली बच्चों की पहचान में प्रमाणीकृत परीक्षण व अध्यापकों की राय की प्रभाविता का पता लगाना।
3. सामाजिक विशेषताओं का प्रतिभाशालिता से संबंध का अध्ययन करना।
4. प्रतिभाशालिता के संबंध में लिंग विभिन्नता का अध्ययन करना।
5. क्या सामाजिक आर्थिक स्तर का प्रतिभाशालिता से कोई संबंध है, इसका अध्ययन करना।

न्यादर्श के लिए मद्रास राज्य के शहर से गुच्छ न्यादर्श विधि द्वारा लड़कों के दो विद्यालय व लड़कियों के दो विद्यालयों से 1555 विद्यार्थियों (920 लड़कियों व 635 लड़कों) का चयन किया गया। शोध में हेम, बाट्स व सिमोड्स का समूह बुद्धि परीक्षण AH_2 व AH_3, पॉल टोरेन्स व उनके साथियों का मिनेसोटा सृजनात्मक चिंतन परीक्षण पर सृजनात्मकता परीक्षण प्रतिमान, टेलर की चिंता अनुसूची (Taylor's Manifest Anxiety Scale) तथा कुप्पूस्वामी की शहरी सामाजिक आर्थिक अनुसूची इत्यादि उपकरणों का प्रयोग किया गया। प्रदत्त विश्लेषण एवं परिकल्पनाओं के सत्यापन के लिए विवरणात्मक सांख्यिकी, काई वर्ग परीक्षण, टी.परीक्षण एवं मूल तत्त्व विश्लेषण का प्रयोग किया गया।

शोध के मुख्य निष्कर्ष थे–

1. प्रतिभाशालिता का लिंग से संबंध नहीं पाया गया लेकिन प्रयोज्यों की सामाजिक विशेषताओं एवं उनके सामाजिक आर्थिक स्तर से वह सार्थक संबंधित थी।
2. प्रतिभाशाली विद्यार्थी सामाजिक विशेषताओं में गैर-प्रतिभाशाली से श्रेष्ठ पाए गए।
3. प्रतिभाशाली विद्यार्थियों का प्रतिशत सामाजिक आर्थिक स्तर के वर्ग I व II में अधिक था जबकि गैर-प्रतिभाशाली विद्यार्थियों का प्रतिशत वर्ग प्ट व ट में अधिक था।

संपत (1984) ने बौद्धिक प्रतिभाशाली बालकों की विशेषताएँ व समस्याओं का अध्ययन किया। अध्ययन के मुख्य उद्देश्य थे–

1. बौद्धिक प्रतिभाशाली बालकों की विशेषताओं का अध्ययन तथा व्याख्या करना,
2. उनकी समस्याओं का अध्ययन तथा व्याख्या करना,
3. उनके व्यक्तित्व की विशेषताओं का अध्ययन करना।

न्यादर्श के रूप में कक्षा VIII से कक्षा XI तक के 406 बच्चों का चयन सभी न्यादर्श विधियों के विवेकपूर्ण समन्वय के द्वारा किया गया। शोध अध्ययन के लिये विद्यालय अभिलेख, अध्यापक निर्धारण, आहूजा का बुद्धि समूह परीक्षण, देसाई व भट्ट का बुद्धि का समूह परीक्षण, विभेदात्मक अभिक्षमता परीक्षण, अमूर्त तार्किक परीक्षण, रेवेन्स का स्टेन्डर्ड प्रोग्रेसिव मेटराइसेस, प्रतिभाशाली बच्चों, उनके शिक्षकों व पालकों के लिये प्रश्नावली आदि उपकरणों का प्रयोग किया गया।

अध्ययन के मुख्य निष्कर्ष थे–

1. प्रतिभाशाली बालक अधिकांशतः स्कूली परीक्षाओं में उच्च उपलब्धि प्राप्त करते हैं,
2. वे विभिन्न विषयों को विस्तृत रूप में व गहराई से पढ़ने में अत्यधिक रुचि लेते हैं,
3. बौद्धिक प्रतिभाशाली बालकों को स्वास्थ्य से संबंधित समस्याएँ अधिक व महत्त्वपूर्ण नहीं होती हैं,
4. वे सामाजिक रूप से सुसमायोजित व सुनियंत्रित रहते हैं।

प्रतिभाशालियों का समायोजन

प्रस्तुत शीर्षक से संबंधित 9 शोध-कार्य हुए हैं। ये शोध कार्य टर्मन (1921, 1927), स्टेनफोर्ड (1945) टर्मन एवं ओडन (1959), पंडित (1973), सिंह (1983) कुमार (1985) ने किए हैं। इन्हें कालानुक्रमानुसार यहाँ प्रस्तुत किया गया है।

टर्मन (1921) ने प्रतिभाशालियों के सामाजिक समायोजन का अध्ययन किया और निष्कर्ष दिया कि प्रतिभाशाली बालक उम्र में अन्य बालकों से कम थे, किन्तु उनका सामाजिक समायोजन सामान्य बालकों के समान ही पाया गया।

टर्मन (1927) ने प्रतिभाशालियों के व्यावसायिक समायोजन का अध्ययन

किया। शोध में स्ट्रांग के व्यावसायिक रुचि प्रपत्र उपकरण का प्रयोग किया गया।

शोध के निष्कर्ष थे–

1. 70 प्रतिशत प्रतिभाशाली बालकों ने व्यवसाय के प्रति रुचि जाहिर की,
2. 71 प्रतिशत प्रतिभाशाली बालक ऐसे कार्य करते पाए गए, जो व्यावसायिक या अर्द्ध-व्यावसायिक थे,
3. 61 प्रतिशत प्रतिभाशाली बालकों ने भी व्यवसाय करना पसंद किया,
4. 50 प्रतिशत से अधिक प्रतिभाशाली युवतियाँ घर से बाहर कार्य करती पाई गईं।

की (1938) ने प्रतिभाशाली बालकों के सामाजिक समायोजन का अध्ययन किया और यह पाया कि प्रतिभाशाली बालक जो शैक्षणिक रूप से दो से पाँच सेमेस्टर आगे थे, उनके सहपाठियों से उनका समायोजन बेहतर पाया गया।

स्टेनफोर्ड (1945) ने प्रतिभाशालियों के वैवाहिक समाायोजन का अध्ययन क्रिया और निष्कर्ष दिया कि–

1. प्रतिभाशाली एवं सामान्य व्यक्तियों के विवाह का प्रतिशत एक जैसा था तथा दोनों ने लगभग एक ही उम्र में विवाह किया,
2. प्रतिभाशालियों में तलाक का प्रतिशत कम पाया गया,
3. प्रतिभाशाली ऐसे पति/पत्नी का चयन करते पाए गए जिनकी औसत बुद्धि महाविद्यालयीन स्नातक के तुल्य होती है,
4. प्रतिभाशाली पति-पत्नी की एक-दूसरे के प्रति सकारात्मक अभिवृत्ति पाई गई।

टर्मन एवं ओडन (1959) ने प्रतिभाशालियों के व्यावसायिक समायोजन का अध्ययन किया। इन्होंने प्रतिभाशाली पुरुषों के समूह का अध्ययन सर्वाधिक सफल एवं न्यूनतम सफल समूह लेकर किया। दोनों समूहों के 'अ' एवं 'स' नाम दिए गए।

शोध के निष्कर्ष थे–

1. प्रतिभाशालियों की सफलता में उम्र एवं व्यक्तित्व की विशेषताओं का योगदान रहता है,
2. उनके शैक्षिक एवं व्यावसायिक रेकार्ड में विरोधाभास था,
3. उनकी संवेगात्मक अस्थिरता, सामाजिक समायोजन एवं व्यक्तित्व विशेषकों में सार्थक अंतर पाया गया,

4. प्रतिभाशाली पुरुषों के सर्वाधिक सफल एवं न्यूनतम सफल समूह का शारीरिक स्वास्थ्य एक जैसा पाया गया।

पंडित (1973) ने प्रतिभाशाली बालकों की समायोजन समस्या तथा कुंठा से उनकी प्रतिक्रियाएँ पर शोध कार्य किया। अध्ययन के मुख्य उद्देश्य थे–

1. प्रतिभाशाली बालकों की समायोजन समस्याओं को खोजना,
2. कुंठा उत्पन्न करने के प्रयोग द्वारा प्रतिभाशाली व अप्रतिभाशाली बच्चों की प्रतिक्रियाओं की तुलना करना।

न्यादर्श के रूप में 180 प्रतिभाशाली व 180 अप्रतिभाशाली बच्चों का चयन टर्मन ब्लैंक (Terman's Blank), बुद्धि का देसाई–भट्ट समूह परीक्षण, रेवेन्स स्टेन्डर्ड प्रोग्रेसिव मेटराइसेस तथा दो स्वनिर्मित ब्लैंक्स (Home and School) के आधार पर किया गया। शोध अध्ययन के लिए समस्या जाँच सूची, स्व-संकल्पना परीक्षण, पटेल चिंता स्केल आदि उपकरणों का प्रयोग किया गया।

अध्ययन के मुख्य निष्कर्ष थे–

1. प्रतिभाशाली बच्चों को अप्रतिभाशाली बच्चों की अपेक्षा समायोजन संबंधी समस्याएँ कम थी,
2. प्रतिभाशाली व अप्रतिभाशाली बच्चों के विद्यालय समायोजन का स्तर भिन्न था,
3. तनाव उत्पन्न करने के प्रयोग में प्रतिभाशाली व अप्रतिभाशाली बच्चों की प्रतिक्रियाएँ भिन्न-भिन्न थीं। प्रतिभाशाली, अप्रतिभाशाली की तुलना में परिस्थिति को सकारात्मक, आलोचनात्मक व रचनात्मक रूप में लेते हैं।

सिंह (1978) ने मानसिक रूप से श्रेष्ठ एवं औसत बच्चों के व्यक्तित्व मापन का परीक्षण पर शोध कार्य किया। इनके अध्ययन का उद्देश्य विद्यालय जाने वाले श्रेष्ठ व औसत बच्चों के व्यक्तित्व समायोजन का विश्लेषण करना था। न्यादर्श के रूप में आगरा के एक सेकेण्डरी विद्यालय के कक्षा VIII, IX व X के 20 छात्रों का चयन किया गया, जिसमें से 10 श्रेष्ठ व 10 औसत विद्यार्थी थे। उपकरण के रूप में प्रयाग मेहता का सामूहिक शाब्दिक बुद्धि परीक्षण, गृह, विद्यालय, स्वास्थ्य, सामाजिक व संवेगात्मक क्षेत्रों में समायोजन मापन करने वाली लाल की व्यक्तित्व अनुसूची, सामान्य, पारिवारिक, सामाजिक, लैंगिक विशेषताओं से संबंधित क्षेत्रों में अभिवृत्ति मापन के लिए रोटर व रोटर की अपूर्ण वाक्य रिक्त एवं बच्चों में संवेगात्मक परिपक्वता के लिए अध्यापक अंकन एवं पालक अंकन

का प्रयोग किया गया। अंतरों की सार्थकता के परीक्षण के लिए कोलमोगोरोव स्मिर्गोव दो न्यादर्श परीक्षणों का प्रयोग किया गया।

शोध के मुख्य निष्कर्ष थे–

1. गृह, विद्यालय, स्वास्थ्य, सामाजिक एवं संवेगात्मक समायोजन के मामले में श्रेष्ठ बच्चे, औसत बच्चों से भिन्न नहीं थे।
2. श्रेष्ठ समूह की तुलना में औसत समूह ने व्यक्तित्व विशेषकों पर सार्थक अच्छा उचित समायोजन दर्शाया।
3. बच्चों में संवेगात्मक परिपक्वता के लिए अध्यापक अंकन के मामले में कोई सार्थक अंतर नहीं देखा गया, लेकिन पालकों के संबंध में श्रेष्ठ बच्चें औसत बच्चों की तुलना में अधिक संवेगात्मक परिपक्व पाए गए।

सिंह (1982) ने मानसिक प्रतिभाशाली व मंदबुद्धि बच्चों के समायोजन का अध्ययन किया। उनके शोध के उद्देश्य थे–

1. मानसिक परीक्षण के आधार पर कक्षा 10 के मानसिक प्रतिभाशाली व मंदबुद्धि विद्यार्थियों का चयन करना।
2. मानसिक प्रतिभाशाली व मंदबुद्धि लड़कों व लड़कियों की समायोजन समस्याओं का अध्ययन करना।
3. विभिन्न परिस्थितियों में दोनों समूहों के समायोजन की प्रविधियों का अध्ययन करना।
4. मानसिक प्रतिभाशाली एवं मंदबुद्धि विद्यार्थियों के समायोजन स्तर का औसत विद्यार्थियों से तुलना करना।
5. दोनों समूहों के विद्यार्थियों के सामाजिक समायोजन के संबंध में अध्ययन करना।

विद्यार्थियों की बुद्धि के मापन के लिए जोशी के सामान्य मानसिक योग्यता परीक्षण से स्तरीकृत यादृच्छिक न्यादर्श प्रविधि द्वारा कक्षा 10 के 600 लड़कों व 400 लड़कियों का चयन न्यादर्श के रूप में किया गया। शोध में समायोजन समस्या जाँच सूची, सामान्य समायोजन प्रश्नावली, सामाजिक आर्थिक स्तर प्रश्नावली तथा शोधक द्वारा निर्मित विभिन्न परिस्थितियों में व्यवहार युक्ति सूची उपकरणों का प्रयोग किया गया। प्रदत्त विश्लेषण के लिए औसत, प्रमाप विचलन व प्रतिशतांक का प्रयोग किया गया।

शोध के निष्कर्ष थे–

1. लड़कों व लड़कियों के बुद्धि फलांकों में कोई सार्थक अंतर नहीं था।
2. मंदबुद्धि विद्यार्थियों की समायोजन समस्याएँ भिन्न थी।
3. मानसिक प्रतिभाशाली, औसत एवं मंदबुद्धि विद्यार्थियों के सामाजिक, आर्थिक स्तर में भिन्नता थी।
4. मानसिक प्रतिभाशाली, औसत एवं मंदबुद्धि विद्यार्थियों के सामान्य समायोजन योग्यता में भिन्नता थी।
5. तीनों समूहों के विद्यार्थियों पर विभिन्न समायोजन परिस्थितियों का भिन्न प्रभाव था एवं उनकी प्रतिक्रियाएँ भी भिन्न थी।

सिंह (1983) ने मानसिक उच्च बच्चों का समायोजन, उपलब्धि एवं आवश्यकता प्रतिरूप पर शोध-कार्य किया।

इनके अध्ययन के प्रमुख उद्देश्य थे–

1. मानसिक उच्च बच्चों की बुद्धि व उपलब्धि को सहसंबंधित करना व जाँचना,
2. मानसिक उच्च बच्चों व औसत बच्चों के सामाजिक स्वास्थ्य, गृह, संवेगात्मक और लैंगिक क्षेत्र में समायोजन की तुलना व अध्ययन करना।

न्यादर्श के रूप में पी.एन. महरोत्रा के सामूहिक बुद्धि परीक्षण के द्वारा 450 मानसिक उच्च व औसत बालकों का चयन किया गया। शोध में त्रिपाठी व्यक्तिगत प्राथमिकता अनुसूची, सिंह एवं सिन्हा की समायोजन सूची, रोटर एवं केरटी के अपूर्ण कथन रिक्तता का उपयोग किया गया।

अध्ययन के प्रमुख निष्कर्ष थे–

1. मानसिक उच्च बच्चों की बुद्धि व उपलब्धि में धनात्मक संबंध था, लेकिन औसत बच्चों की बुद्धि व उपलब्धि में नकारात्मक संबंध था,
2. मानसिक उच्च बच्चों तथा औसत बच्चों के स्वास्थ्य, गृह, सामाजिक व संवेगात्मक समायोजन में सार्थक संबंध पाया गया,
3. उच्च योग्य बालिकाओं का सामाजिक व लैंगिक दृष्टिकोण से समायोजन अच्छा पाया गया।

कुमार (1985) ने प्रतिभाशाली तथा सामान्य बच्चों की आवश्यकताएँ, रुचियों तथा समायोजन समस्याओं का तुलनात्मक अध्ययन पर शोध कार्य किया। शोध के उद्देश्य थे–

1. प्रतिभाशाली बच्चों की रुचियों, आवश्यकताओं तथा समायोजन संबंधी समस्याओं का पता लगाना,
2. प्रतिभाशाली तथा सामान्य बच्चों की आवश्यकताओं, रुचियों तथा समायोजन समस्याओं की तुलना करना।

न्यादर्श के रूप में यादृच्छिक न्यादर्श विधि से सेकेण्डरी विद्यालय, दिल्ली के कक्षा 9 के 509 विद्यार्थियों का चयन किया गया। शोध में रेवेन्स स्टेन्डर्ड प्रोग्रेसिव मेटराइसेस, जलोटा समूह मानसिक योग्यता परीक्षण, चटर्जी का अभाषी प्राथमिकता अभिलेख, सक्सेना समायोजन अनुसूची, आवश्यकता अभिसूची, समस्या जाँच-सूची आदि उपकरणों का प्रयोग किया गया।

शोध के प्रमुख निष्कर्ष थे–

1. प्रतिभाशाली बच्चों की रुचि विज्ञान, चिकित्सा तथा तकनीकी क्षेत्रों में अधिक थी तथा कला व क्रीड़ा क्षेत्रों में कम पायी गई,
2. प्रतिभाशाली बच्चे आत्मवास्तविकीकरण की उच्च आवश्यकता महसूस करते थे तथा अन्य आवश्यकताओं की तुलना में सौंदर्यात्मक आवश्यकता को कम अनुभव करते पाये गये,
3. प्रतिभाशाली बच्चों और सामान्य बच्चों के कुल समायोजन में भिन्नता नहीं थी।

मेहता, गौर एवं मोहन (1988) ने श्रेष्ठ शैक्षणिक योग्यताओं वाले बालकों की समायोजन समस्याओं का अध्ययन किया। शोध के मुख्य उद्देश्य थे–

1. उच्च शैक्षिक योग्यता वाले विद्यार्थियों की समस्याओं का पता लगाना।
2. उच्च सामाजिक आर्थिक पृष्ठभूमि वाले उच्च शैक्षिक योग्यता वाले विद्यार्थी तथा निम्न सामाजिक आर्थिक पृष्ठभूमि वाले निम्न शैक्षिक योग्यता वाले विद्यार्थियों की अनुक्रियाओं की तुलना करना।
3. निर्देशन सेवाओं के नियोजन के लिए निहितार्थ प्राप्त करना।

प्रारंभिक न्यादर्श के रूप में दिल्ली के औसत एवं श्रेष्ठ शैक्षणिक योग्यता वाले 2370 छात्र एवं उप न्यादर्श के रूप में औसत छात्रों को स्तरीकृत समूह न्यादर्श विधि द्वारा लिया गया। शोध में जलोटा का सामान्य मानसिक योग्यता का समूह परीक्षण, शोधक का पारिवारिक सूचना रिक्त (Family Information Blank) एवं एन.सी.ई.आर.टी. की छात्र समस्या जाँच सूची उपकरणों का प्रयोग

किया गया। प्रदत्त विश्लेषण मध्यांक परीक्षण एवं काई वर्ग परीक्षण के द्वारा किया गया।

शोध के मुख्य निष्कर्ष थे–

1. श्रेष्ठ शैक्षणिक योग्यता वाले छात्र, औसत शैक्षणिक योग्यता वाले छात्रों से संवेदनशीलता में भिन्न थे। इन्हें वित्तीय एवं जीने की परिस्थितियों, विद्यालय पाठ्यक्रम से समायोजन एवं शिक्षण प्रक्रिया, परिवार एवं लिंग से संबंधित समस्याएँ थी।
2. श्रेष्ठ समूह को सामान्य समूह की तुलना में कम समस्याएँ थीं।
3. दोनों समूहों के मध्य समायोजन समस्याओं में अधिक अंतर नहीं था।
4. दोनों समूहों की अनुक्रियाओं में सामाजिक आर्थिक स्तर प्रारूप अधिक अंतर नहीं बनाता था।

प्रतिभाशालियों पर किए गए अन्य शोध

प्रस्तुत शीर्षक के अंतर्गत प्रतिभाशालियों की शैक्षणिक उपलब्धि, सहगामी क्रियाओं एवं अवकाशकालीन गतिविधियों तथा अन्य से संबंधित 4 शोधकार्य शामिल हैं। ये शोध कार्य कीज़ (1938), टर्मन (1947) लाइटफुट (1951), शाह (1969) ने किए हैं। जिन्हें कालानुक्रमानुसार यहाँ प्रस्तुत किया गया है:

कीज़ (1938) ने प्रतिभाशाली बालकों की शैक्षणिक उपलब्धि का अध्ययन किया और निष्कर्ष दिया कि प्रतिभाशाली बालक ग्रेड एवं ऑनर के मामले में औसत से बेहतर पाए गए। उनकी अध्ययन आदतें भी बेहतर पाई गई। महाविद्यालय में भी इनकी श्रेष्ठता सभी क्षेत्रों में बेहतर पाई गईं। उन्हें सामान्य बालकों से तीन गुना छात्रवृत्तियाँ प्रदान की गईं।

टर्मन (1947) ने प्रतिभाशाली बालकों की शैक्षणिक उपलिब्ध पर अध्ययन किया और निष्कर्ष दिया कि इन बच्चों को शाला में पहले प्रवेश मिला। बौद्धिक विषयों में इनकी रुचि अधिक थी। शाला के विषयों में इतिहास, भूगोल, नागरिकशास्त्र, गणित, सामान्य विज्ञान, वाचन, साहित्य एवं व्याकरण में ये अन्य छात्रों से आगे पाए गए। ड्रांइग, चित्रकला तथा व्यायाम में सामान्य बुद्धि के छात्रों से आगे नहीं पाए गए।

लाइटफुट (1951) ने प्रतिभाशाली बालकों की सहगामी क्रियाएँ एवं अवकाशकालीन गतिविधियों पर शोध कार्य किया और निष्कर्ष दिए कि–

1. प्रतिभाशाली बालक अपने दोस्तों के साथ आनंद उठाते हैं। वे एकाकी होने पर भी अपने कार्यों से आनंद उठाते हैं,

2. अधिक प्रतिभाशाली विद्यार्थी समूह में कठिनाई अनुभव करते हैं,
3. कुछ उच्च प्रतिभाशाली बालक अपने साथ खेलने के लिए एक काल्पनिक साथी का विकास करते पाए गए।

शाह (1969) ने गुजरात राज्य के श्रेष्ठ बच्चों का अध्ययन पर शोध कार्य किया। इनके अध्ययन का उद्‌देश्य था–गुजरात राज्य के श्रेष्ठ बच्चों के सामाजिक आर्थिक स्तर, व्यावसायिक रुचि तथा मानवमिति विशेषताओं का सर्वेक्षण करना।

न्यादर्श के रूप में उपलब्धि परीक्षण के आधार पर 33 श्रेष्ठ वयस्क तथा 150 औसत बच्चों को लिया गया। शोध में प्रश्नावली तथा के.जी. देसाई समूह बुद्धि परीक्षण उपकरणों को लिया गया।

शोध के निष्कर्ष थे–

1. उच्च जाति के श्रेष्ठ बच्चों का प्रतिशत अधिक था,
2. संयुक्त परिवार से आने वाले श्रेष्ठ लड़कों व लड़कियों का प्रतिशत अधिक था,
3. अधिकतर श्रेष्ठ लड़के व लड़कियाँ अपनी पढ़ाई के दौरान शादी नहीं करते हैं,
4. श्रेष्ठ बच्चों ने स्वयं के लिए विज्ञान, साहित्य, खेल, पर्यटन आदि क्षेत्रों का चयन किया।

भदौरिया (1980) ने विज्ञान के प्रतिभाशाली एवं अन्य छात्रों के मध्य सृजनात्मकता, आत्म-संकल्पना एवं सफलता के अर्थ का तुलनात्मक अध्ययन किया। उनके शोध के उद्‌देश्य थे–

1. विज्ञान के प्रतिभाशाली व अन्य छात्रों की सृजनात्मकता का अध्ययन करना।
2. विज्ञान के प्रतिभाशाली व अन्य छात्रों की आत्म-संकल्पना का अध्ययन करना।
3. विज्ञान के प्रतिभाशाली व अन्य छात्रों के सफलता के अर्थ का अध्ययन करना एवं सृजनात्मकता, आत्म-संकल्पना एवं सफलता के अर्थ के मध्य संबंध का परीक्षण करना।

उनके अध्ययन की परिकल्पनाएँ थीं–

1. विज्ञान के प्रतिभाशाली छात्रों की सृजनात्मक सामर्थ्य अन्य छात्रों से उच्च है।

2. अधिक सृजनात्मक व कम सृजनात्मक विद्यार्थियों के लिए सफलता का अर्थ भिन्न था।
3. अधिक सृजनात्मक एवं कम सृजनात्मक विद्यार्थियों की आत्म-संकल्पना में सार्थक अन्तर है।
4. सृजनात्मकता, आत्म-संकल्पना एवं सफलता के अर्थ के मध्य धनात्मक संबंध है।

न्यादर्श के लिए उत्तरप्रदेश के शासकीय आवासीय छत्र जैसे इण्टरमीडियट कॉलेजों के शहरी व ग्रामीण पृष्ठभूमि के 150 प्रतिभाशाली विद्यार्थियों को मेरिट के आधार पर व इतने ही विज्ञान छात्रों का चयन स्तरीकृत यादृच्छिक न्यादर्श विधि द्वारा किया गया। उपकरण के रूप में चौहान व तिवारी का सृजनात्मकता परीक्षण का उपयोग किया गया। भटनागर की आत्म-संकल्पना सूची (Inventory), सफलता के आशय के लिए शोधक द्वारा विकसित प्रश्नावली का प्रयोग किया गया। प्रदत्तों के विश्लेषण के लिए सृजनात्मक फलांकों के संबंध में ज परीक्षण व सफलता का आशय फलांकों के संबंध में काई वर्ग परीक्षण का प्रयोग किया गया।

शोध के निष्कर्ष थे–

1. शाब्दिक एवं शैक्षिक समस्याओं पर विज्ञान के प्रतिभाशाली विद्यार्थियों ने गैर प्रतिभाशाली विद्यार्थियों से सार्थक उच्च सृजनात्मक सामर्थ्य प्रदर्शित की।
2. प्रतिभाशाली विद्यार्थियों का संपूर्ण सृजनात्मक उत्पादन का माध्य फलांक गैर प्रतिभाशाली विद्यार्थियों से सार्थक उच्च था।
3. प्रतिभाशाली विद्यार्थियों की मौलिकता का माध्य फलांक गैर प्रतिभाशाली विद्यार्थियों की मौलिकता के माध्य फलांक से सार्थक उच्च था।
4. समायोजित एवं स्वाभाविक नम्यता पर प्रतिभाशाली विद्यार्थियों के फलांक गैर प्रतिभाशाली विद्यार्थियों से सार्थक उच्च थे।
5. आत्म संकल्पना के सकारात्मक पहलुओं पर प्रतिभाशाली विद्यार्थियों का माध्य फलांक गैर प्रतिभाशाली विद्यार्थियों से सार्थक उच्च था, जबकि आत्म संकल्पना के नकारात्मक पहलुओं पर गैर प्रतिभाशाली विद्यार्थी सार्थक उच्च थे।
6. सफलता के प्रतिमान, विधि व निकष स्वीकृति में समूहों में सार्थक भिन्नता थी यद्यपि उपलब्धि सफलता के लिए स्वीकृति के सामान्य अर्थ में अंतर सार्थक नहीं था।

कुलश्रेष्ठ (1981) ने तीव्र विद्यार्थियों में उपलब्धि के विभेदात्मक प्रकारों से संबंधित कारकों का अध्ययन किया। शोध के मुख्य उद्देश्य थे–

1. तीव्र बुद्धि बालकों की उपलब्धि पर व्यावसायिक रुचि के प्रभाव का पता लगाना।
2. तीव्र बुद्धि बालकों की व्यक्तित्व विशेषताओं और उपलब्धि के मध्य संबंध का अध्ययन करना।
3. तीव्र बुद्धि बालकों की शैक्षिक उपलब्धि को पालक अभिवृत्ति, पारिवारिक पृष्ठभूमि एवं आधार भूत कौशल कैसे प्रभावित करते हैं, इसका पता लगाना।

न्यादर्श के रूप में आगरा एवं मथुरा के इन्टरमीजिएट कालेजों के विज्ञान एवं गणित के प्रथम वर्ष के 1050 विद्यार्थियों में से 276 विद्यार्थियों का चयन जोशी के सामान्य मानसिक योग्यता परीक्षण के फलांकों के आधार पर किया गया था, शोध में जोशी का सामान्य मानसिक योग्यता परीक्षण, कुलश्रेष्ठ का व्यावसायिक रुचि अभिलेख, कपूर की उच्च माध्यमिक (High School) विद्यालय व्यक्तित्व प्रश्नावली, शेरी व सिन्हा की पारिवारिक संबंध अनुसूची एवं विज्ञान व गणित में आधारभूत कौशलों के मापन के अन्य परीक्षणों का उपकरण के रूप में प्रयोग किया गया। प्रदत्त विश्लेषण के लिए प्रसरण विश्लेषण एवं T परीक्षण सांख्यिकीय तकनीकियों का प्रयोग किया गया।

शोध के मुख्य निष्कर्ष थे–

1. कृषि, प्रत्ययकारी, सामाजिक एवं पारिवारिक क्षेत्रों में व्यावसायिक रुचि की भूमिका शैक्षणिक उपलब्धि में परिवर्तनीय थी। इन क्षेत्रों में निम्न व्यावसायिक रुचि उच्च उपलब्धि में मदद करती थीं, जबकि इनमें अधिक रुचि उपलब्धि को नुकसान पहुँचाती थी।
2. अल्प उपलब्धि को तीव्र बुद्धि अन्य छात्रों की तुलना में कलात्मक व कृषि क्षेत्रों में उच्च व्यावसायिक रुचि प्रदर्शित करते थे। तथा गणित में अल्प उपलब्धि वाले तीव्र बुद्धि वाले, सामान्य उपलब्धि वालों की तुलना में पारिवारिक क्षेत्रों से संबंधित व्यवसाय में अधिक रुचि रखते थे।
3. गणित में अल्प उपलब्धि तीव्र बुद्धि वाले सामान्य प्राप्ति छात्रों की तुलना में अधिक भावुक थे। एवं अंग्रेजी में तीव्र बुद्धि कम प्राप्ति छात्रों की तुलना में अधिक कर्त्तव्यनिष्ठ थे।
4. विज्ञान, गणित एवं अंग्रेजी में तीव्र सामान्य एवं कम प्राप्ति छात्र

अभिवृत्ति में अपने पालकों से भिन्न थे, जबकि सामान्य छात्र भिन्न नहीं थे।

5. अंग्रेजी में तीव्र बुद्धि सामान्य प्राप्ति छात्र अल्प उपलब्धि वाले तीव्र बुद्धि छात्रों की तुलना में अंग्रेजी में आधारभूत कौशलों में सार्थक उच्च अधिकार रखते थे।
6. निम्न उपलब्धि कुछ सीमा तक घर की आर्थिक स्थिति से संबंधित थी, लेकिन छात्रों के व्यक्तिगत स्वास्थ्य से संबंधित नहीं थी।
7. निम्न उपलब्धि प्रत्यक्ष रूप से पालकों की देखरेख जैसे अपने बच्चों की फीस एवं अन्य सुविधाएँ प्रदान करने से संबंधित थी।
8. निम्न उपलब्धि छात्र तेज शोर वाले घरों में रहते थे।

शर्मा (2005) ने बी.एड. प्रशिक्षणार्थियों के लिए प्रतिभाशाली विद्यार्थियों की विशेषताएँ एवं शिक्षा पर अनुदेशन सामग्री की प्रभाविता का उपलब्धि एवं विकसित अनुदेशन सामग्री के प्रति प्रतिक्रियाओं के आधार पर अध्ययन किया। अध्ययन के उद्देश्य थे–

1. प्रयोगात्मक एवं नियंत्रित समूह के समायोजित उपलब्धि माध्यों की तुलना करना जबकि पूर्व परीक्षण के फलांकों को सहप्रसरक माना गया हो।
2. अनुदेशन सामग्री के प्रति प्रयोगात्मक समूह के प्रशिक्षणार्थियों की प्रतिक्रियाओं का अध्ययन करना।

प्रस्तुत अध्ययन शिक्षा अध्ययनशाला देवी अहिल्या विश्वविद्यालय, इन्दौर के 70 बी.एड. विद्यार्थियों के देव न्यादर्श पर किया गया। उपकरण के रूप में शोधिका द्वारा विकसित प्रतिभाशाली विद्यार्थियों की विशेषताएँ एवं शिक्षा निकष परीक्षण तथा प्रतिभाशाली विद्यार्थियों की विशेषताएँ एवं शिक्षाः प्रतिक्रिया मापनी का प्रयोग किया गया। प्रदत्त विश्लेषण हेतु आवृत्ति औसत एवं एकमार्गीय सहप्रसरण विश्लेषण (One Way ANCOVA) का प्रयोग किया गया।

अध्ययन के निष्कर्ष थे–

1. प्रयोगात्मक एवं नियंत्रित समूहों के समायोजित उपलब्धि माध्यों के मध्य सार्थक अंतर पाया गया।
2. अनुदेशन सामग्री के प्रति प्रयोगात्मक समूह की प्रतिक्रियाएँ सकारात्मक पाई गई।

4

प्रतिभाशालिता एवं बुद्धि के सिद्धांत
(Giftedness and Theories of Intelligence)

प्रतिभाशालिता का एक महत्त्वपूर्ण घटक बुद्धि है। इसलिए प्रतिभाशालिता की संकल्पना को अधिक स्पष्ट रूप से समझने के लिए बुद्धि की संकल्पना को समझना आवश्यक है। मनोवैज्ञानिकों ने प्रारंभ से लगाकर अब तक बुद्धि के अनेक सिद्धांत दिए हैं तदनुसार बुद्धि की संकल्पना उनके अनुसार बदलती रही है। प्रत्येक सिद्धांत एक दूसरे से असहमति व्यक्त रहता है। यहाँ बुद्धि के सिद्धांतों का संक्षिप्त परिचय प्रस्तुत है:

1. संकाय सिद्धांत (Faculty Theory)

यह बुद्धि की प्रकृति के बारे में पुरातन सिद्धांत है। जिसे 18वीं एवं 19वीं सदी में रीड ने प्रतिपादित किया था। इसे शक्ति मनोविज्ञान का सिद्धांत भी कहते हैं। इसके अनुसार मस्तिष्क विभिन्न संकायों का बना है, जैसे तर्कणा, स्मृति विभेदीकरण, कल्पना करना, इच्छा करना, जानना, निर्णय करना इत्यादि। ये संकाय एक-दूसरे से स्वतंत्र होते हैं ताकि गहन प्रशिक्षण के द्वारा विकसित किए जा सकते हैं। रीड ने तीस शक्तियाँ बताई हैं। उन तीस शक्तियों में बुद्धि भी एक शक्ति है।

2. एक कारक सिद्धांत (One Factor Theory)

प्रस्तुत सिद्धांत के प्रस्तुतकर्ता बिने थे। जिसके समर्थक स्टर्न, टर्मन एवं एबिंगहास थे। बिने के अनुसार बुद्धि समस्त मानसिक कार्यों को प्रभावित करने वाली शक्ति है। वे सभी योग्यताओं को एक सामान्य बुद्धि अथवा सामान्य समझ में शामिल करते हैं। इससे तात्पर्य है कि वे सभी आपस में पूर्णतः सहसंबंधित हैं। इस सिद्धांत के अनुसार यदि कोई व्यक्ति किसी एक क्षेत्र में निपुण है, तब वह अन्य क्षेत्र में भी निपुण होगा। इसी सिद्धांत के आधार पर बिने ने बुद्धि को निर्णय देने की योग्यता, टर्मन ने विचारने की योग्यता, स्टर्न ने नवीन परिस्थितियों में समायोजन की योग्यता बताया।

3. स्पियरमैन का द्विकारक सिद्धांत (Spearman's Two Factor Theory)

इस सिद्धांत का प्रतिपादन चार्ल्स स्पियरमैन ने 1904 में किया। स्पियरमैन की बुनियादी मान्यता यह थी कि सामान्य मानसिक कार्यों के लिए दो प्रकार की योग्यताओं की आवश्यकता होती है, सामान्य योग्यता 'G' एवं विशिष्ट योग्यता 'S' 'G' कारक सार्वभौम जन्मजात योग्यता है, यह बुनियादी तौर पर संबंधों के ग्रहण करने की योग्यता है। यह किसी भी प्रकार की बौद्धिक समस्या के समाधान की योग्यता के लिए उत्तरदायी है। सामान्य योग्यता 'G' सभी बौद्धिक कार्यों के लिए समान है जबकि 'S' दिये गये कार्य के लिए विशिष्ट होती है। इसे पर्यावरण से अर्जित किया जा सकता है। निष्कर्षतः G एक होती है किंतु विशिष्ट योग्यताएँ 'S' विभिन्न बौद्धिक कार्यों के अनुसार अनेक हो सकती हैं। उदाहरणार्थ हमारे पास शब्द भण्डार एवं गणित के परीक्षण हैं। दोनों ही परीक्षणों में सामान्य योग्यता होगी, किंतु इसके अतिरिक्त, प्रत्येक के लिए विशिष्टकृत योग्यताओं की आवश्यकता होती है जो एक-दूसरे से स्वतंत्र हैं। जैसे शब्द भण्डार परीक्षण में विशिष्ट शाब्दिक योग्यता S_1 की आवश्यकता होती है तथा गणितीय परीक्षण में विशिष्ट अंकिक योग्यता S_2 की आवश्यकता होती है। चूंकि दोनों परीक्षणों के लिए सामान्य योग्यता की आवश्यकता होती है, इसलिए ये दोनों धनात्मक रूप से सह संबंधित होंगी। एवं एक.दूसरे से स्वतंत्र होने के कारण इनमें सहसंबंध पूर्ण नहीं होता हैं। जैसे चित्रानुसार इलिप्स 'V' एवं 'A' क्रमशः शब्द भण्डार एवं गणितीय परीक्षणों का प्रतिनिधित्व करते हैं। चूंकि ये परीक्षण सह-संबंधित हैं इसलिए दोनों इलिप्स एक-दूसरे को व्याप्त (Overlap) करते हैं। व्याप्त करने के क्षेत्र को 'G' द्वारा दर्शाया गया है। स्वतंत्र क्षेत्र S_1 एवं S_2 का प्रतिनिधित्व करता है। इसी तर्क का अधिक सामान्य तौर पर अनुप्रयोग करने पर, स्पियरमैन के अनुसार सभी बौद्धिक परीक्षण G पर केन्द्रित हैं जबकि सभी धनात्मक रूप से सहसंबंधित होते हैं।

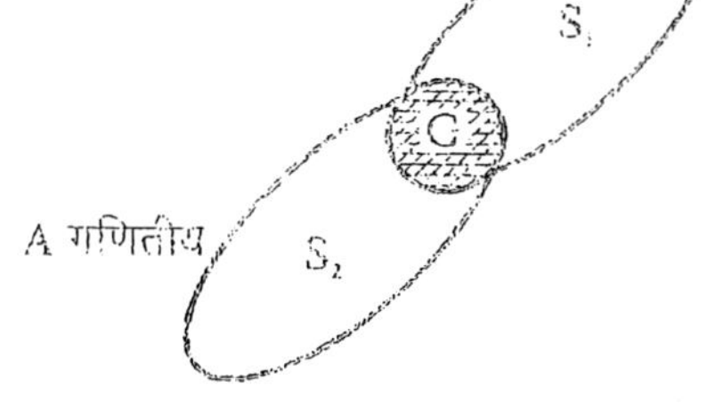

चित्र 4.1: स्पियरमैन का द्विकारक सिद्धांत

स्पियरमैन का द्विकारक सिद्धांत निरीक्षित तथ्य की व्याख्या करता है कि जो बच्चे एक बौद्धिक क्षेत्र में योग्यता प्रदर्शित करते हैं, दूसरे क्षेत्रों में भी योग्यता प्रदर्शित करते हैं। चूंकि एक दूसरे से विशिष्ट योग्यताएँ स्वतंत्र हैं, यह सिद्धांत निरीक्षित तथ्य कि व्यक्ति अधिक विशिष्टीकृत अभिक्षमताओं में अंतर प्रदर्शित करते हैं की स्वीकृति भी देता है। उदाहरणार्थ एक व्यक्ति जिसकी बुद्धि सामान्य बुद्धि परीक्षण द्वारा मापे जाने पर सामान्य है यदि उपयुक्त विशिष्ट परीक्षण लिए जाते हैं तब यह अंकिक योग्यता की तुलना में बेहतर शाब्दिक योग्यता प्रदर्शित कर सकता है। सामान्य परीक्षण में ये दो विशिष्ट योग्यताएँ संतुलन कर देती हैं। किसी व्यक्ति में भले ही सामान्य बुद्धि सामान्य हो किंतु उसमें विशिष्ट अभिक्षमता उच्च हो सकती है। यह इसलिए होता है क्योंकि 'G' एवं 'S' एक दूसरे से स्वतंत्र हैं। इसी तरह किसी व्यक्ति में उच्च सामान्य योग्यता होने पर भी उसमें विशिष्ट योग्यता न्यून हो सकती है।

4. थार्नडाइक का बुद्धि का सिद्धांत (Thorndike's Theory of Intelligence)

थार्नडाइक ने बताया कि प्रत्येक मानसिक गतिविधि के लिए विभिन्न योग्यताओं के समुच्चय का योग आवश्यक होता है। थार्नडाइक ने बुद्धि के निम्न चार गुण बताए हैः—

अ. स्तर (Level)
ब. परास (Range)
स. क्षेत्र (Area)
द. गति (Speed)

अ. स्तर (Level) – यह कार्य की कठिनाई स्तर को प्रदर्शित करता है। यदि किसी परीक्षण के पद कठिनाई के बढ़ते क्रम में हैं, तब जिस स्तर के प्रश्न हम हल कर सकते हैं उससे हमें बुद्धि की उच्चता का ज्ञान होगा।

ब. परास (Range) – परास से तात्पर्य दी गई कठिनाई के अंश की गतिविधियों के अंकों से होता है।

स. क्षेत्र (Area) – क्षेत्र से तात्पर्य प्रत्येक स्तर पर स्थितियों की पूर्ण संख्या, जिनके प्रति व्यक्ति अनुक्रिया कर सकता है।

द. गति (Speed) – गति से तात्पर्य है कि व्यक्ति किस गति से परीक्षण के पदों के प्रति अनुक्रिया कर सकता है।

5. थॉम्सन का न्यादर्शन सिद्धांत (Thomson's Sampling Theory)

जी.एच. थॉम्सन ने बौद्धिक संगठन का न्यादर्शन सिद्धांत प्रस्तावित किया। उनका

तर्क था कि बौद्धिक व्यवहार अनेक स्वतंत्र योग्यताओं पर निर्भर करता है, जो अपने सीमित विस्तार के होते हुए भी विविध कार्यों में अपनी भूमिका निभाता है। परिणामस्वरूप किसी भी एक बुद्धि परीक्षण को प्रशासित करने पर बौद्धिक तत्त्वों का एक निश्चित न्यादर्श प्रयुक्त होता है। अन्य परीक्षण द्वारा अन्य न्यादर्श प्रयुक्त होता है।

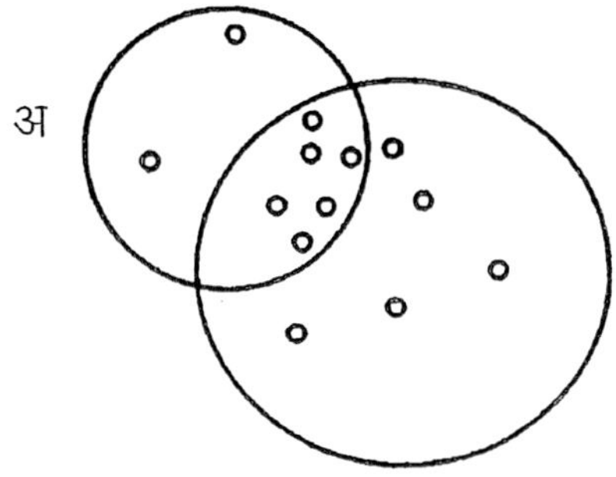

चित्र 4.2: थाम्सन का न्यादर्शन सिद्धांत

विभिन्न संज्ञानात्मक परीक्षणों में प्राप्त धनात्मक सहसंबंध, जोकि विभिन्न न्यादर्शों अथवा योग्यताओं के तरीकों के परस्पर व्याप्त करने से प्राप्त होता है।

थॉम्सन का सिद्धांत मानसिक योग्यताओं के मध्य संबंध बता सकता है। उदाहरणार्थ यह एक सर्व वदित तथ्य है कि अधिक जटिल परीक्षणों का सहसंबंध एक दूसरे से सरल परीक्षणों की तुलना में उच्च होता है। थॉम्सन का सिद्धांत विविध परीक्षणों के एकत्रीकरण के लिए पुख्ता आधार प्रदान करता है। इस तकनीक का उपयोग कर व्यक्तिगत योग्यताओं की विस्तृत सीमा का मापन किया जा सकता है। थॉम्सन का सिद्धांत व्यावसायिक एवं अभिक्षमता परीक्षण के कार्यक्रम में सहयोग प्रदान करता है।

6. थर्स्टन का प्राथमिक मानसिक योग्यताओं का सिद्धांत (Thurston's Theory of Primary Mental Abilities)

एल.एल. थर्स्टन ने शैक्षिक एवं मनोवैज्ञानिक मापन के क्षेत्र में अनेक शोधकार्य किये। उन्होंने अपने शोध से सात समूह कारकों का पता लगाया। ये प्राथमिक मानसिक योग्यताएँ हैं:

1. संख्या कारक (N): इसके अंतर्गत अंकिक गणनाएँ सही एवं शीघ्रता से हल करने की योग्यता आती है।
2. शाब्दिक कारक (V): ये शब्द बोध परीक्षण की योग्यता है।

3. दैशिक कारक (S) : इसके अंतर्गत काल्पनिक वस्तु को निर्वात में परिचाालित करने की योग्यता आती है।
4. प्रत्यक्षणात्मक गति कारक (PS): इसके अंतर्गत दृश्यिक विस्तार में भेद और चित्रित वस्तु में समानताएँ एवं अंतर करने की योग्यताएँ आती हैं।
5. शब्द प्रवाह योग्यता (Fluency Ability): इसके अंतर्गत शब्दों के चिंतन की गति आती है जैसे कि तुकबंदी करने तथा वर्ण विपर्यय को हल करने की योग्यता।
6. स्मृति कारक (M): इसके अंतर्गत शब्दों, अंकों, अक्षरों इत्यादि को रटने की योग्यता आती है।
7. आगमनात्मक तर्क योग्यता (Inductive Reasoning): इसके अंतर्गत दी गयी सूचनाओं से नियम को खोजने की योग्यता आती है जिस प्रकार अंक श्रृंखला के कुछ अंश द्वारा अंक श्रृंखला का ज्ञान होता है

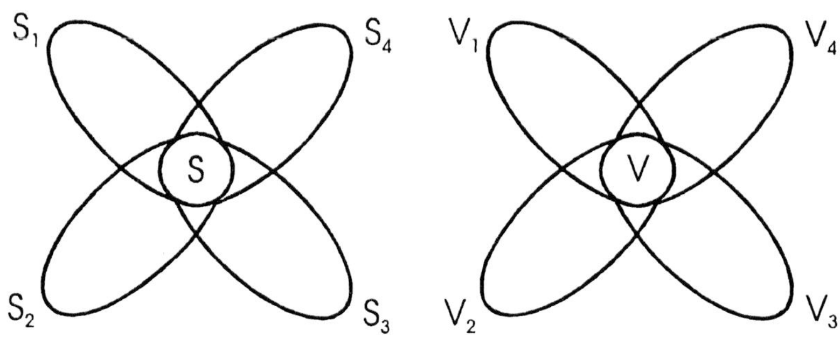

चित्र 4.3: थर्स्टन का प्राथमिक मानसिक योग्यताओं का सिद्धांत

थर्स्टन के कार्य का चित्रात्मक प्रतिनिधित्व इलिप्स V1 ,V2, V3 एवं V4 शाब्दिक योग्यता के चार परीक्षणों का प्रतिनिधित्व करती है, तथा इलिप्स S1, S2, S3 एवं S4 दैशिक परीक्षणों का प्रतिनिधित्व करती है। शाब्दिक परीक्षणों का सहसंबंध एक.दूसरे के साथ.साथ है जैसा की समान क्षेत्र एक.दूसरे को व्याप्त करते हैं। इसी प्रकार दैशिक परीक्षण अपेक्षाकृत उच्च सहसंबंध प्रदर्शित करते हैं। V एवं S क्रमशः शाब्दिक एवं दैशिक योग्यता प्रतिनिधित्व करते हैं और शाब्दिक एवं दैशिक योग्यताओं के परीक्षणों से प्राप्त सहसंबंध के गुच्छों द्वारा परिभाषित हैं।

7. वर्नन का पदानुक्रम सिद्धांत (Vernon's Hierarchical Theory)

गिलफोर्ड के बुद्धि के बहुकारक सिद्धांत के विकल्प के रूप में पेड़ के आकार का प्रतिमान मनोवैज्ञानिक फिलिप वर्नन (1964) ने प्रतिपादित किया। वर्नन के अनुसार बुद्धि विभिन्न स्तर की योग्यताओं से बनी होती है। चित्र के अनुसार उच्चतम स्तर पर सामान्य संज्ञानात्मक कारक स्थित है। आगे दो मुख्य कारक शाब्दिक शैक्षिक एवं प्रायोगिक एवं यांत्रिक दैशिक अगले स्तर पर स्थित है। शाब्दिक एवं प्रायोगिक यांत्रिक दैशिक को कई गौण समूह कारकों में तोड़ा जाता है। उदाहरण के लिए शाब्दिक कारक शाब्दिक प्रवाहता, अंकिक योग्यता और शायद सृजनात्मकता इत्यादि से बना होता है। प्रायोगिक यांत्रिक दैशिक कारक के अंतर्गत कुछ गौण कारक हैं यांत्रिक मनोगामक योग्यता और दैशिक संबंध। अन्ततः निम्नतम स्तर पर विशेष कारक है।

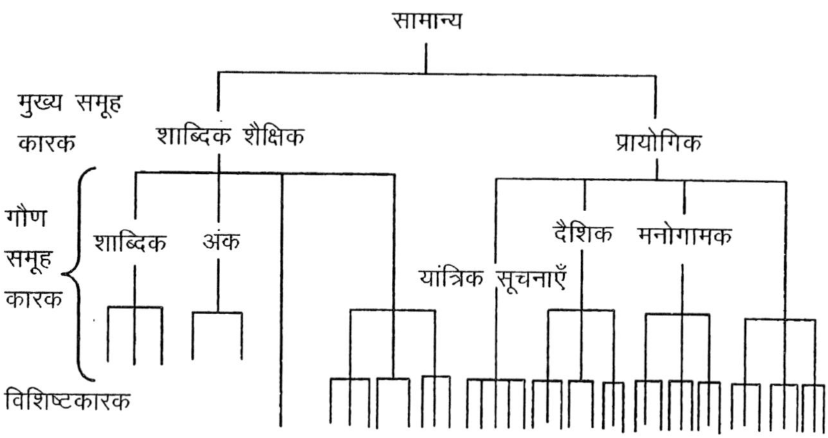

चित्र 4.4: वर्नन का पदानुक्रम सिद्धांत

8. केटल का द्रवीय एवं मणिभीय बुद्धि का सिद्धांत (Cattle's Liquid and Fluid Intelligence Theory)

आर.बी. केटल के बुद्धि सिद्धात के अनुसार सामान्य बुद्धि दो कारकों से बनी होती है। तरल बुद्धि एवं मणिभीय बुद्धि। उसने बताया कि ये दो कारक सह संबंधित होते हैं। दोनों प्रकार की बुद्धि संबंधों के प्रत्यक्षण की योग्यता से संबंधित होती हैं किंतु तरल योग्यता विभिन्न क्षेत्रों में सामान्य है तथा मणिभीय योग्यता कुछ क्षेत्रों जैसे विद्यालयीन अधिगम के लिए विशिष्ट होती है। तरल बुद्धि का उपयोग उन कार्यों में होता है जहाँ आदतें निश्चित हो गई हों। तरल

बुद्धि बुनियादी क्षमता है जो आनुवांशिकता पर अधिक आश्रित रहती है। केटल के अनुसार यदि तरल बुद्धि किसी संस्कृति मुक्त परीक्षण में मापी जाती है, तब यह 14-15 वर्ष की उम्र में अधिकतम होती है, किंतु मणिभीय योग्यता जो कि विद्यालयीन अनुभव पर अनुप्रयुक्त तरल बुद्धि का परिणाम होती है, 25-30 वर्ष तक बढ़ती रहती है।

तरल बुद्धि पिछले एवं नए अनुभवों से प्रभावित होती है। इसके लिए अत्यन्त अल्प विशिष्ट ज्ञान की आवश्यकता होती है। इसमें जटिल संबंधों को देखने की आवश्यकता होती है तथा समस्या समाधान की योग्यता आवश्यक होती है। जैसे अंक श्रृंखला – 1, 3, 5, 7,...............इसमें अगला अंक क्या होगा?

दैशिक दृश्यीकरण

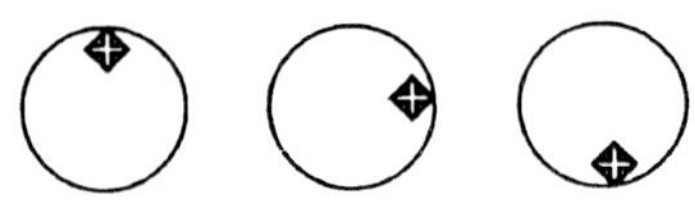

उपर्युक्त क्रम के अनुसार अगला चित्र निम्न में से कौन सा होगा?

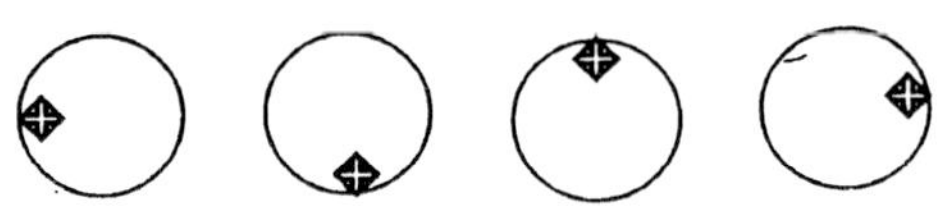

चित्र 4.5 दैशिक दृश्यीकरण

मणिभीय योग्यता का मापन शाब्दिक परीक्षणों के द्वारा किया जाता है। मणिभीय बुद्धि अनुभवों, अधिगम एवं पर्यावरण का है। यह संस्कृति पर आधारित होती है, इसमें तथ्यात्मक सूचनाएँ आती हैं। इसके अंतर्गत ऐसे कार्य आते हैं जैसे शब्द भण्डार, सामान्य सूचनाएँ और गणितीय समस्याएँ। जैसे–

शब्द भण्डार – दैशिक प्रत्यक्षण से आप क्या समझते हैं?

सामान्य सूचनाएँ – एक रूपये में कितने पैसे होते हैं?

9. आइजंक का बुद्धि का संरचनात्मक सिद्धांत (Eysenck's Structural Theory of Intelligence)

हंस जे. आइजंक ने बुद्धि के तंत्रिका जैविकीय (Neurobiological) सहसंबंधितों की खोज की। उन्होंने बुद्धि लब्धि के तीन सहसंबंधितों प्रतिक्रिया काल (Reaction Time) निरीक्षण काल (Inspection Time) एवं औसत उत्पन्न सामर्थ्य (Average Evoked Potential) की पहचान की। जिसमें से प्रथम दो निरीक्षित व्यवहार हैं

तथा तीसरे की तुलना में कम जैविकीय (Biological) हैं। तीसरा व्यवहार मस्तिष्क तंरगों का वर्णन है। किंतु तीनों बुद्धि के जैविक आधार की पहचान के प्रयासों से एक सूत्र में बंधे हैं।

श्रवणात्मक एवं दृष्टि दोनों के प्रतिक्रिया काल के प्रयोगों में यह पाया गया कि यदि उद्दीपकों को बढ़ाया जाता है, तो अल्प बुद्धि वाले व्यक्तियों का प्रतिक्रिया काल भी बढ़ता जाता है। दूसरी ओर उद्दीपन जितना जटिल होता है उच्च बुद्धि वाले प्रयोज्यों की प्रतिक्रिया उतनी ही तेज होगी। दूसरे शब्दों में तीव्र बुद्धि (Brighter) व्यक्ति उत्तरोत्तर (Progressively) कम समय लेते हैं। इसके अलावा वे प्रतिक्रियाकाल में कम विचलनशीलता (Variability) प्रदर्शित करते हैं। वे न केवल फुर्तीले होते हैं बल्कि अधिक औसत उत्पन्न सामर्थ्य (Average Evoked Potential) का मापन इलेक्ट्रोइन्सेफेलोग्राम की तरंग की आवृत्ति की ऊँचाई, तरंग की आवृत्ति तरंगों के मध्य मिली सेकण्ड में समय की लंबाई तथा तरंग की जटिलता (अनियमितता) से किया जाता है।

10. सेसी का जैव पारिस्थितिक बुद्धि सिद्धांत (Ceci's Bioecological Theory of Intelligence)

स्टीफन सेसी (1990) प्रस्तावित करते हैं कि व्यक्ति में बहु.संज्ञानात्मक सामर्थ्य होते हैं न कि सामान्य बुद्धि 'G'। ये बहु.बुद्धियाँ जैविकीय (Biologically) आधारित होती हैं तथा मानसिक प्रक्रियाओं की सीमा निर्धारित होती है। इससे अधिक ये बुद्धियाँ अथवा योग्यताएँ व्यक्ति के पर्यावरण अथवा संदर्भ में चुनौतियों एवं अवसरों से घनिष्ठ रूप से जुड़ी रहती हैं।

उनकी दृष्टि में संज्ञानात्मक योग्यताओं के प्रदर्शन के लिए संदर्भ आवश्यक हैं। संदर्भ से उनका तात्पर्य ज्ञान के पक्ष के साथ व्यक्तित्व, अभिप्रेरणा एवं शिक्षा इत्यादि कारकों से है। संदर्भ मानसिक, सामाजिक एवं शारीरिक हो सकते हैं। एक निश्चित व्यक्ति एवं आबादी में कुछ मानसिक योग्यताओं की कमी दिखाई दे सकती है। किंतु यदि अधिक रुचिकर एवं अभिप्रेरणात्मक संदर्भ दिया जावे, वही व्यक्ति एवं आबादी निष्पादन का उच्च स्तर प्रदर्शित कर सकते हैं। सेसी के अनुसार व्यक्ति की पारिस्थितिकी के द्वारा व्यक्ति की व्यावसायिक एवं आर्थिक सफलता निर्धारित की जा सकती है।

11. संवेगात्मक बुद्धि का सिद्धांत (Theory of Emotional Intelligence)

गोलमैन (1995) के अनुसार संवेगात्मक बुद्धि ऐसी योग्यताओं से संबंधित होती है, जैसे कि अपने आप को अभिप्रेरित करना तथा कुण्ठाओं का सामना करना,

मनोरोगों का नियंत्रण करना तथा परितुष्टि में विलंब करना, अपने मूड को सुचालित करना, अपने संवेगों को जानना, संवेगों का प्रबन्धन करना, अपने आप को अभिप्रेरित करना, दूसरों के संवेगों को जानना तथा संबंधों को बनाए रखना।

12. एण्डरसन का बुद्धि एवं संज्ञानात्मक विकास का सिद्धांत (Anderson's Theory of Intelligence and Cognitive Development)

एण्डरसन ने अपना सिद्धांत थर्स्टन एवं अन्य के सामान्य बुद्धि के आधार पर बनाया। उसके अनुसार बुद्धि एवं बौद्धिक क्षमता में अंतर की व्याख्या विभिन्न युक्तियों द्वारा की जा सकती है। उसके अनुसार बुद्धि में अंतर बुनियादी संसाधन युक्ति के कारण होता है जो कि चिंतन को एवं ज्ञान को कार्यान्वित करती है। जिस व्यक्ति के संसाधन करने की गति धीमी होगी, वह ज्ञान प्राप्त करने में कठिनाई अनुभव करेगा अर्थात् उसकी बुद्धि कम होगी। कई लोग 2+2 भी नहीं जोड़ पाते हैं। ये युक्तियाँ प्रतिरूपक कहलाती हैं। प्रत्येक प्रतिरूपक स्वतंत्र रूप से कार्य करते हैं तथा ये बुनियादी संसाधन से प्रभावित नहीं होते हैं। यदि भाषा का प्रतिरूपक विकसित हो जाता है तब व्यक्ति पूर्ण वाक्य बोल सकता है।

इन प्रतिरूपकों के अलावा बुद्धि में दो विशिष्ट योग्यताएँ होती हैं। इनमें से एक भाषा गणितीय अभिव्यक्ति का सामना करती है तथा दूसरी दृश्यिक एवं दैशिक कार्यविधि को बताती है। एण्डरसन ने सुझाया कि इन योग्यताओं से संबंधित योग्यताएँ विशिष्ट संसाधकों द्वारा कार्यान्वित की जाती हैं। प्रत्येक विशिष्ट संसाधक समस्याओं अथवा ज्ञान के व्यापक वर्ग का संचालन करता है साथ ही विशिष्ट संसाधक बुनियादी प्रक्रियन युक्ति से प्रभावित होते हैं। उच्चगति प्रक्रियन युक्ति व्यक्ति को विशिष्ट संसाधकों के अधिक प्रभावी उपयोग करने के योग्य बनाती है। साथ ही उसे परीक्षणों पर उच्च फलांक प्राप्त करने और वास्तविक संसार में अधिक निपुण बनाती है। एण्डरसन के बुद्धि सिद्धांत ने ज्ञान के दो नये मार्ग सुझाए हैं। प्रथम में बुनियादी प्रक्रियन युक्ति का उपयोग विशिष्ट संसाधकों द्वारा ज्ञान अर्जन के लिए संचालित होता है। एण्डरसन ने इसे चिंतन बताया है तथा यह बुद्धि में व्यक्तिगत भिन्नताओं के लिए उत्तरदायी है। दूसरे मार्ग में ज्ञान अर्जन के लिए प्रतिरूपकों का उपयोग किया जाता है। प्रतिरूपक आधारित ज्ञान जैसे कि त्रिविमायी अंतरिक्ष का प्रत्यक्षण अपने आप आता है, यदि प्रतिरूपक पर्याप्त रूप से परिपक्व हो चुका हो। प्रतिरूपक विकास के लिए उत्तरदायी है।

13. गार्डनर का बहु-बुद्धियों का सिद्धांत (Gardner's Theory of Multiple Intelligence)

होवार्ड गार्डनर (1983) का बहुबुद्धियों का सिद्धांत यह बताता है कि किस प्रकार बुद्धिमतापूर्ण व्यवहार से सूचना संसाधन कौशल संबंधित होते हैं। गार्डनर का विश्वास है कि बुद्धि को सुस्पष्ट (Distinct) संसाधन की क्रियाओं के समूह के रूप में परिभाषित किया जा सकता है, जो कि व्यक्तियों को समस्याओं के समाधान, उत्पादनों के सृजन तथा नये ज्ञान की सांस्कृतिक मूल्यित गतिविधियों को बहुदिश व्यूह रचना में खोज की अनुमति देती है। गार्डनर ने दस स्वतंत्र बुद्धियों को प्रस्तावित किया है। वे हैं: भाषिक, तार्किक, गणितीय, संगीतात्मक, दैशिक, शारिरिक –गतिज, अन्तर वैयक्तिक, स्वगत, प्रकृतिवादी, आध्यात्मिक एवं अस्तित्ववादी।

गार्डनर इन सभी बुद्धियों को स्वतंत्र मानते हैं और इसके पक्ष में यह तर्क देते हैं कि शोध परिणाम बताते हैं कि वयस्क के मस्तिष्क का यदि कोई भाग क्षतिग्रस्त हो जाता है तब इससे एक अथवा दो योग्यताएँ (जैसे भाषिक अथवा दैशिक) ही प्रभावित होती हैं तथा शेष योग्यताएँ अप्रभावित रहती हैं। इससे सभी बुद्धियों के स्वतंत्र होने की पुष्टि होती है। अन्ततः गार्डनर तर्क देते हैं कि प्रत्येक बुद्धि का जैविक सामर्थ्य विकास का सुस्पष्ट समय और विभिन्न विशेषज्ञ अथवा अन्त अवस्था निष्पादन रखती है। उसी समय वे यह बल देते हैं कि शिक्षा की लंबी प्रक्रिया के द्वारा कच्चे बौद्धिक सामर्थ्य को परिपक्व सामाजिक भूमिका में बदला जाता है।

गार्डनर (1983) ने बौद्धिक विषयवस्तु की पहचान के लिए निम्न आठ निकष बताये हैं:

1. मस्तिष्क हानि द्वारा अलगाव (Isolation by Brain Damage)
2. उस पक्ष में प्रचुर उपस्थिति (The Existence of Prodigies in that domain)
3. क्रियाओं का एक सत समुच्चय (A Core Set of Operations)
4. विकासात्मक अनुपमता (Developmentatal Uniqueness)
5. विकासमूलक सत्याभास (Evolutionary Plausibility)
6. प्रयोगात्मक मनोविज्ञान से वैधीकरण (Validation from Experimental Psychology)
7. मनोमिति से वैधीकरण (Validation from Psychometrics).

इसकी विषयवस्तु के सम्प्रेषण के लिए अनुपम संकेत पद्धति की उपस्थिति। (The Existence of Unique Symbol System to Communicate its Content)

गार्डनर द्वारा प्रस्तावित बुद्धियों का वर्णन इस प्रकार है –

1. **भाषिक (Linguistic)** – यह मस्तिष्क के बायें अर्ध गोलार्द्ध में स्थित रहती है। भाषिक पक्ष अर्थ विज्ञान, व्याकरण, स्वर विज्ञान (Phonology) और वाग्मिता (Rhetoric) की बुनियादी क्रियाओं का निष्पादन करता है।
2. **संगीतात्मक (Musical)** – यह मस्तिष्क के दायें अर्ध गोलार्द्ध में स्थित रहती है। संगीतात्मक पक्ष स्वरमान, प्रबलता, लय और ध्वनि रूप (Timber) की बुनियादी क्रियाओं का निष्पादन करता है।
3. **तार्किक गणितीय (Logical Mathematical)** – यह पुरुषों के मस्तिष्क के दायें अर्धगोलार्द्ध में स्थित रहती है तथा महिलाओं के दोनों अर्धगोलार्द्धों में स्थित रहती हैं। तार्किक गणितीय पक्ष, तर्क की लंबी श्रृंखलाएँ, अमूर्तन (Abstraction) की ओर गणना की क्षमता की बुनियादी क्रियाओं का निष्पादन करता है।
4. **दैशिक (Spatial)** – यह मस्तिष्क के उत्तर दायें अर्धगोलार्द्ध में स्थित रहती है। दैशिक पक्ष सही वस्तु प्रत्यक्षण और वस्तुओं का मस्तिष्क में रूपान्तरण एवं घुमाने की क्रियाओं का निष्पादन करता है।
5. **शारीरिक गतिज (Bodily Kinesthetic)** – यह दायें मस्तिष्क प्रधान व्यक्तियों में बायें अर्धगोलार्द्ध में स्थित होती है तथा बायें मस्तिष्क प्रधान व्यक्तियों में दायें अर्धगोलार्द्ध में स्थित होती है। यह पक्ष शरीर नियंत्रण एवं वस्तुओं के परिचालन की बुनियादी क्रियाओं का निष्पादन करता है।
6. **वैयक्तिक (Personal)** – (अन्तः वैयक्तिक व स्वगत) – यह पुरुषो के मस्तिष्क के दायें सामने के क्षेत्र में स्थित होती है तथा महिलाओं के दायें.बायें दोनों के सामने क्षेत्र में स्थित होती है। व्यक्तिगत पक्ष स्वगत समझ (अपनी अनुभूतियों को जानना) और अन्तः वैयक्तिक समझ (दूसरों की मनोवृत्ति, अनुभूतियों एवं आवश्यकताओं को जानना) की बुनियादी क्रियाओं का निष्पादन होगा।

7. **प्रकृतिवादी (Naturalistic)** – वनस्पति एवं जंतुओं एवं पर्यावरण के अन्य तत्त्वों की जो पहचान करते है एवं वर्गीकृत करते हैं।
8. **आध्यात्मिक (Spiritualistic)** – जो व्यक्ति पराभौतिक को जानने एवं समझने का प्रयास करते हैं अथवा सत्य की कुछ समझ प्राप्त करते हैं और जो सामग्रियों से आगे जाकर संबंध रखते हैं।
9. **अस्तित्ववादी (Existentialistic)** – अपने आप को संसार में रखना तथा यह समझना कि कोई जीवन में कहाँ जा रहा है और क्यों? अस्तित्ववादी योग्यता को दर्शाता हैं।

14. स्टेर्नबर्ग का त्रिसूत्री बुद्धि का सिद्धांत (Sternberg's Triarchic Theory of Intelligence)

स्टेर्नबर्ग (1985, 88) का बुद्धि का त्रिसूत्री सिद्धांत तीन अन्तर्क्रियात्मक उपसिद्धांतों से मिलकर बना है:

1. घटकात्मक उपसिद्धांत (Componential Sub-theory)
2. अनुभवात्मक उपसिद्धांत (Experiential Sub-theory)
3. प्रासंगिक उपसिद्धांत (Contextual Sub-theory)

उन्होंने बुद्धि को स्वप्रबंधन (Self Management) की क्षमता के रूप में परिभाषित किया है।

उनके अनुसार इन तीनों पक्षों में स्वप्रबंधन की आवश्यकता होती है। स्टेर्नबर्ग का सिद्धांत बताता है कि सूचना संसाधन कौशलों, कार्यों से पूर्व अनुभव और प्रासंगिक (अथवा सांस्कृतिक) कारक अंतर्क्रिया कर बुद्धिमान व्यवहार का पता लगाते है।

बुद्धि के घटकात्मक पक्ष का कार्य उत्पादन होता है, वह मानसिक प्रयास पर शोध, नियोजन एवं कार्यवाही करता है। इस घटक का उदाहरण उच्च शिक्षा में विद्यार्थी द्वारा शोध पत्र (Research Paper) तैयार करना है। अनुभवात्मक पक्ष सृजनात्मकता का कार्य करता है। इसमें व्यक्ति मौलिकता, अनुपमता, नवाचार, अंतर्दृष्टि के लिए खोज करता है। प्रासंगिक पक्ष समस्या समाधानक है। यह बताता है कि बुद्धिमता पूर्ण व्यवहार संस्कृति मुक्त नहीं होता है।

घटकात्मक कार्य मानसिक प्रयास की दक्षता (Efficiency) से संबंध रखता है, अनुभवात्मक कार्य प्रयास की मौलिकता से संबंध रखता है तथा प्रासंगिक कार्य प्रयास की दृढ़ता से संबंध रखता है। जो व्यक्ति समस्या समाधान के लिए एक ही व्यूह रचना का उपयोग करता है वह उस व्यक्ति की तुलना में

जो विभिन्न अवसरों के अनुसार विभिन्न व्यूह रचनाओं का उपयोग करता है कम बुद्धिमान होता है।

बुद्धि का प्रसंगः मानसिक स्व.प्रबंधन के कार्य (The context of Intelligence: Functions of Mental Self-Management)

बुद्धि के त्रिसूत्री (Triarchic) सिद्धांत में बुद्धि की परिभाषा है "दैनिक बुद्धि, जीवन में यथार्थ पर्यावरण से अनुकूलन एवं यथार्थ पर्यावरण का चयन और स्वयं के जीवन एवं योग्यताओं के लिए सार्थक यथार्थ जगत पर्यावरणों को गढ़ना है। बुद्धि जब दैनिक जीवन में प्रयुक्त होती है तब तीन कार्य करती है:

(अ) वर्तमान पर्यावरणों का अनुकूलन
(ब) नये पर्यावरणों का चयन और
(स) वर्तमान पर्यावरणों को नये पर्यावरणों में गढ़ना।

व्यवहारों का एक स्पष्ट समूह नहीं है, जो प्रत्येक व्यक्ति के लिए बुद्धिमतापूर्ण हैं। प्रत्येक व्यक्ति अपने पर्यावरण से अलग-अलग प्रकार से अनुकूलन करता है। जबकि बुद्धि के मानसिक प्रबंधन के घटक सार्वभौम (Universal) हो सकते हैं, तथा इन घटकों को नवीन स्थितियों में उपयोग और स्वचालित करने की आवश्यकता भी सार्वभौम हो सकती है, एवं ये जिन लक्ष्यों के लिए प्रयुक्त होते हैं, वे न केवल विभिन्न समूहों अपितु व्यक्तियों के लिए भी अलग होंगे।

स्टेर्नबर्ग त्रिसूत्री सिद्धांत का प्रथम घटकात्मक उपसिद्धांत बुद्धिमतापूर्ण व्यवहार में प्रयुक्त सूचना संसाधन कौशलों को बताता है। इसके अंतर्गत परासंज्ञान व्यूहरचना, अनुप्रयोग एवं ज्ञान अर्जन आते हैं। परासंज्ञान से तात्पर्य है निष्पादन को प्रभावित करने वाली विचार प्रक्रिया के बारे में जागरूकता एवं समझ। परासंज्ञान निष्पादन को दिशा देते हैं, यह ज्ञान अर्जन घटक से अंतर्क्रिया करता है तथा यह परासंज्ञान को प्रतिपोष प्रदान करता है। उदाहरण के लिए जब आप बजट बनाते हैं तब पराघटक का उपयोग इस बात में करते हैं कि आप किस पर कितना खर्च करना चाहते हैं, निष्पादन घटकों का उपयोग हिसाब.किताब लिखने के लिए किया जाता है तथा ज्ञान अर्जन घटक का उपयोग बजट कैसे बनाएँ, के लिए किया जाता है।

अनुभवात्मक उपसिद्धांत यह बताता है कि नवीन परिस्थितियों में उच्च बुद्धि वाले व्यक्ति अल्प बुद्धि वाले व्यक्तियों की तुलना में सूचनाओं का संसाधन अधिक कुशलता से करते हैं। जब अपेक्षाकृत नया कार्य करने को दिया जाता है तब वे अधिक शीघ्रता से सीखते हैं।

यहाँ स्वचलताकरण से तात्पर्य है अपने आप होना। जैसे जब कोई पहले.पहल चलना सींखता है तो यह कार्य अपेक्षाकृत नवीन होता है तथा अपना पूरा ध्यान इसी पर लगाता है। अन्ततः अपेक्षाकृत यह कार्य स्वतः होता है एवं जो कुछ ध्यान पूर्व में चलने पर लगा था, वह अब अन्य बातों, जैसे रेडियों सुनना अथवा बातचीत करने अथवा दोनों पर लगाया जा सकता है।

स्टेनबर्ग का तृतीय उपसिद्धांत है प्रासंगिक पक्ष समस्या समाधानक है जो बताता है कि बुद्धिमान व्यक्ति अपनी व्यक्तिगत इच्छा एवं दैनिक जीवन की मांग के अनुसार सूचना संसाधन कौशलों का अनुकूलन करते हैं। जब वे इसका अनुकूलन नहीं कर पाते तब वे इसे गढ़ते हैं अथवा बदलते हैं, ताकि उसकी आवश्यकताओं की पूर्ति हो सकें। यदि वे गढ़ नहीं पाते हैं, तब प्रसंग को बदल देते हैं। जैसे जब हम किसी के यहाँ ट्यूशन करते हैं तब हम बच्चे के अनुसार अनुकूलन करते हैं। जब हम ऐसा नहीं कर पाते हैं तब उसे निश्चित प्रकार का व्यवहार करने को कहते हैं। ऐसा नहीं पाए जाने पर हम किसी अन्य बालक की ट्युशन कर लेते हैं। (चयन)

बुद्धि का त्रिसूत्री सिद्धांत बुद्धि का व्यक्ति के आंतरिक संसार में संबंध चिंतन में शामिल घटकों द्वारा अथवा मानसिक प्रक्रियाओं द्वारा वर्णन करने को प्रस्तावित करता है। ये प्रक्रियाएँ तीन प्रकार की होती हैं, पराघटक (Metacompontents), निष्पादन (Performance) घटक, एवं ज्ञान अर्जन घटक (Knowledge Acquisition)।

पराघटक वे कार्य प्रक्रियाएँ हैं जिनका उपयोग समस्या संमाधान की योजना, अनुश्रवण (Monitoring) एवं मूल्यांकन में किया जाता है। निष्पादन घटक निम्न क्रम की प्रक्रियाएँ हैं जिनका उपयोग पराघटकों के निर्देशों के क्रियान्वयन के लिए किया जाता है और ज्ञान अर्जन घटक वे प्रक्रियाएँ हैं जिनका उपयोग प्रथम स्थान पर समस्या समाधान कैसे करें? यह सीखने के लिए किया जाता है। ये घटक उच्च रूप से अन्तर आश्रित (Interdependent) होते हैं। जैसेः ऐसा व्यवसाय उचित नहीं होगा जिसमें केवल प्रबंधन हो अथवा कर्मचारी हों अथवा विद्यार्थी प्रशिक्षु (Trainees) और यह भी उपयुक्त नहीं होगा कि उन तीनों वर्गों के व्यक्ति उचित रूप से एक-दूसरे से एकाकी होकर कार्य करें। मानसिक स्व-प्रबन्धन में पराघटक, निष्पादन घटक तथा ज्ञान अर्जन घटक को नियंत्रित अथवा क्रियाशील बनाता है तथा उस समय निष्पादन घटक एवं ज्ञान अर्जन घटक पराघटक को प्रतिपोष प्रदान करते हैं। पराघटक अन्य दो प्रकार के घटकों को क्रियाशील बनाता है, जो कि बदले में उसे प्रतिपोष प्रदान करते हैं।

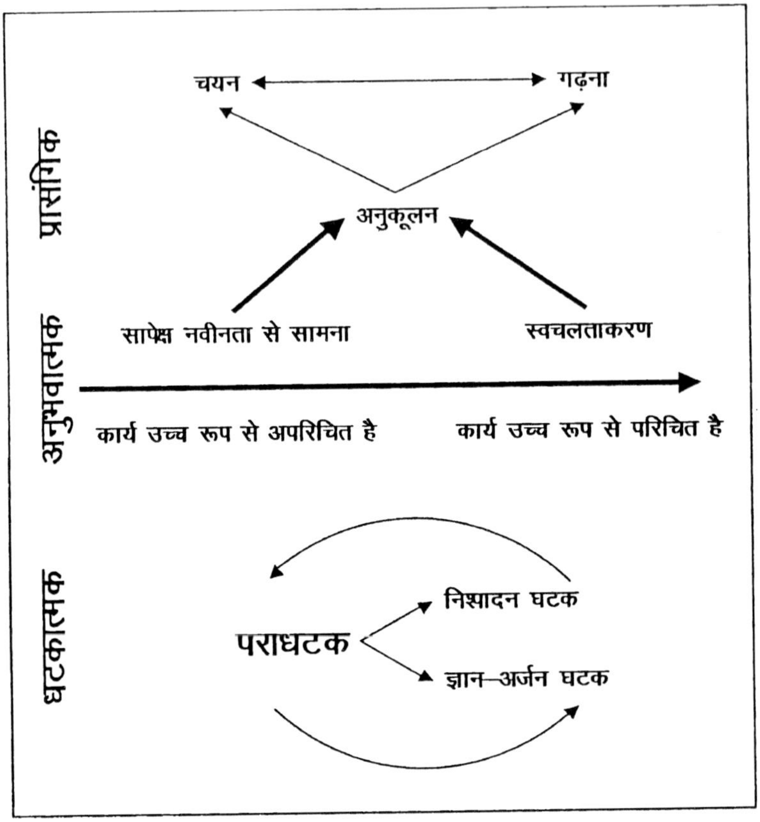

चित्र 4.6: स्टेर्नबर्ग का त्रिसूत्री सिद्धांत

मानव बुद्धि के त्रिसूत्री सिद्धांत के अनुसार प्रतिभाशालिता (Giftedness According to the Triarchic Theory of Human Intelligence)

राबर्ट जे स्टेर्नबर्ग बताते हैं कि संपूर्ण सदी में बौद्धिक प्रतिभाशालिता को एक विमायी अन्वय के रूप में परिभाषित किया गया है। तथा इसका प्रचलित मापन बुद्धि-लब्धि है। बुद्धि-लब्धि उपलब्धि से उच्च रूप से सहसंबंधित होती है। प्रायः यह दोनों एक ही वस्तु का मापन करते हैं।

बौद्धिक प्रतिभाशालिता के प्रकार (Kinds of Intellectual Giftedness)

स्टेर्नबर्ग बताते हैं कि मेरे बुद्धि के सिंद्धात में बौद्धिक प्रतिभाशालिता के बहुपंथ होते हैं। जिनके अनुसार विश्लेषणात्मक, संश्लेषणात्मक एवं प्रायोगिक प्रतिभाशालिता होती है।

विश्लेषणात्मक प्रतिभाशालिता (Analytic Giftedness)

विश्लेषणात्मक कौशलों की प्रतिभाशालिता में समस्या का विच्छेदन एवं इसके समझ की योग्यता आती है। जो व्यक्ति इस क्षेत्र में मजबूत होते हैं, वे पंरपरागत बुद्धि परीक्षणों को अच्छी तरह से इसलिए करते हैं चूंकि ये परीक्षण तर्क पर आधारित होते हैं। उदाहरणार्थ अनुरूपता पदों में शब्दों एवं संबंधों के जोड़ों में संबंध का विश्लेषण करना होता है। दिए गए अनेक विकल्पों में से कौन.सा विकल्प लक्ष्य समूह के सबसे निकट है। पठन बोध में पठन गद्यांश का विश्लेषण करना होता है, मेट्रिक्स की समस्याओं में कतारों एवं स्तम्भों के चित्रों में अंतर्संबंध खोजना होता है। दूसरे शब्दों में विश्लेषणात्मक प्रतिभाशालिता वर्तमान बुद्धि परीक्षणों से सबसे अच्छी प्रकार से मापी जा सकती है।

सांश्लेषिक प्रतिभाशालिता (Synthetic Giftedness)

सांश्लेषिक प्रतिभाशालिता उन लोगों में देखने को मिलती है जो अंतर्दृष्टिपूर्ण, अन्तर्ज्ञानात्मक, सृजनात्मक अथवा अपेक्षाकृत नयी परिस्थितियों का सामना करते हैं। जो व्यक्ति सांश्लेषिक प्रतिभाशाली होते हैं, वे परम्परागत बुद्धि परीक्षणों पर अच्छा निष्पादन नहीं कर पाते हैं। किंतु ये लोग विभिन्न क्षेत्रों में अधिकतम योगदान देते हैं। ये क्षेत्र हैं – विज्ञान, साहित्य, कला, नाटक। स्टॉक बाजार में पैसा लगाने वाले व्यक्तियों में भी सांश्लेषिक प्रतिभा होती है। संसार में सफलता प्राप्त करने के लिए भी सांश्लेषिक प्रतिभा का होना आवश्यक है।

प्रायोगिक प्रतिभाशालिता (Practical Giftedness)

प्रायोगिक प्रतिभाशालिता से तात्पर्य है व्यक्ति के पास जो विश्लेषणिक एवं सांश्लेषिक बुद्धि है, उसका उपयोग व्यस्त दैनिक जीवन की स्थितियों में करना।

प्रायोगिक प्रतिभाशाली व्यक्ति वह होता है जो पर्यावरणीय विन्यास में सफलता प्राप्त करने के लिए अधूरा है।

कई ऐसे व्यक्ति होते हैं जिनमें मजबूत सांश्लेषिक एवं विश्लेषिक बुद्धि होती है किंतु वे प्रायोगिक बुद्धि के अभाव के कारण अन्य लोगों से संबंध स्थापित करने में सफलता प्राप्त नहीं कर पाते।

15. गिलफोर्ड का बुद्धि की संरचना का प्रतिमान (Guilford's Model of Structure of Intellect)

प्रस्तुत प्रतिमान में योग्यताओं को तीन अलग-अलग प्रकार से वर्गीकृत किया गया

है तथा वर्गीकरण का एक प्रकार अन्य दो प्रकारों को प्रतिच्छेद करता है। वर्गीकरण का एक तरीका है योग्यताओं में शामिल मानसिक क्रियाओं के संदर्भ में प्रत्येक योग्यता में सरल संज्ञान (जानना), स्मृति (अथवा सीखना) एकदिश उत्पादन (एक ही दिशा में सोचना) बहुदिश उत्पादन (तार्किक विकल्पों को उत्पन्न करना), एवं मूल्यांकन (जो ज्ञात है अथवा उत्पादित किया गया उसकी अच्छाई का निर्णय लेना)।

वर्गीकरण का दूसरा प्रकार है विषयवस्तु अथवा सूचना के क्षेत्र जिसमें क्रियाएँ निष्पादित की जाती हैं। इसके संदर्भ में – आकृतिक (मूर्त, प्रत्यक्षित), सांकेतिक (चिह्न,कूट तत्त्व जैसे अंक एवं अक्षर), अर्थगत (विचारों, संकल्पनाओं अथवा अन्वयों) और व्यावहारिक (मनोवैज्ञानिक) वर्गीकरण का तीसरा प्रकार है उत्पादन। यह औपचारिक प्रकार की सूचनाओं का वर्गीकरण करता है, सूचनाएँ इकाइयों (अलग किए गए अंश) वर्गो (समुच्चय में उपस्थित समान विशेषताएँ), संबंध (अर्थपूर्ण संयोजनों), पद्धतियों (संगठित तरीकों), रूपांतरणों (परिवर्तनों, पारगमनों) और निहितार्थों (दूसरी सूचना से सुझायी सूचना) में वर्गीकृत की जाती हैं। इन तीनों वर्गीकरणों को एक साथ रखने पर हमें 120 छोटे घन (Cube) प्राप्त होते हैं, जिसमें से प्रत्येक योग्यता के अनोखे प्रकार का प्रतिनिधित्व करता है।

प्राचलों की परिभाषाएँ एवं उनके वर्ग (Definitions of Parameter and their Categories) प्राचलों की औपचारिक परिभाषाएँ एवं उनके वर्ग यहाँ दिए गए हैं:

क्रियाएँ (Operations) (O) – बौद्धिक गतिविधियों के मुख्य प्रकार अथवा प्रक्रियाएँ, वस्तुएँ जो कि प्राणी सूचनाओं के संसाधन में करता है, जिन्हें कि प्राणी विभेदित करता है के रूप में सूचना को परिभाषित किया जाता है।

संज्ञान (Cognition) (C) – तात्कालीन खोज, जागरूकता, पुनर्खोज अथवा इसके विविध रूपों में सूचना की पहचान, बोध अथवा समझ।

स्मृति (Memory) (M) – भण्डार में नई प्राप्त सूचना का स्थायीकरण।

एकदिश उत्पादन (Convergent Production) (N) – जहाँ अनोखी अथवा पंरपंरागत रूप से सर्वश्रेष्ठ परिणामों की आवश्यकता हो वहाँ दी गयी सूचनाओं से तार्किक निष्कर्ष निकालना।

बहुदिश उत्पादन (Divergent Production) (D) – जबकि विविधता, मात्रा और सूचना की सार्थकता पर जोर हो तब दी गयी सूचना से तार्किक विकल्पों को उत्पन्न करना।

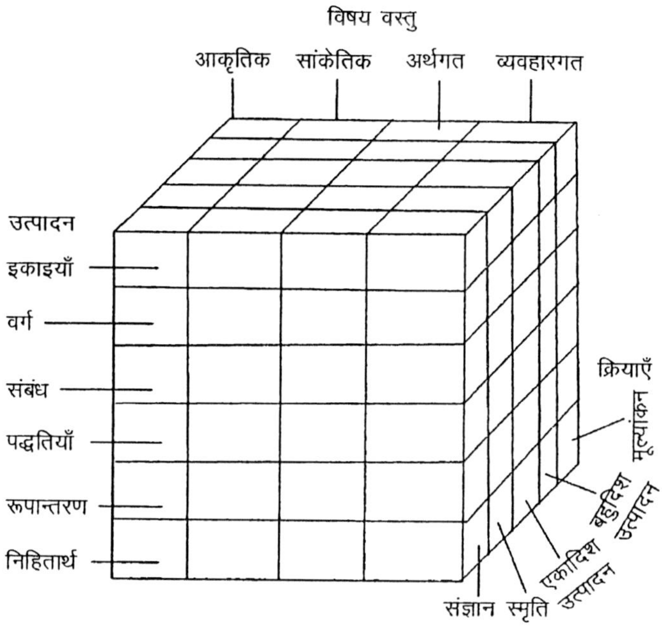

चित्र 4.7: गिलफोर्ड का बुद्धि की संरचना का प्रतिमान

मूल्याकंन (Evaluation) (E) – सूचनाओं के पदों की परिवर्तियों के संदर्भ में तुलना और निकष संतुष्टि से संबंधित निर्णय लेना (सहीपन, पहचान, एकरूपता)

विषयवस्तु (Contents) – विस्तृत, तार्किक (Substantive) सूचनाओं के बुनियादी प्रकार एवं क्षेत्र।

आकृतिक (Figural) (F) – मूर्त्त रूप से संबंधित सूचना, प्रतिबिम्बों के रूप में प्रत्यास्मरणित अथवा प्रत्यक्षणित, शब्द 'आकृतिक' से तात्पर्य आकृति – पृष्ठभूमि प्रत्यक्षणात्मक संगठन से है। विभिन्न केन्द्रीय रूपात्मकता (Modulities) शामिल हो सकती हैं – दृश्यिक, श्रव्य, गतिज और शायद अन्य।

सांकेतिक (Symbolic) (S) – सूचना संकेतों के रूप में सूचनाओं से संबंधित जो कि अपने आप से कोई सार्थकता रखते हों, जैसे अक्षर, अंक, कूट (Code) एवं शब्द।

अर्थगत (Semantic) (M) – संकल्पन अथवा मानसिक अन्वयों से संबंधित सूचनाओं के लिए प्रायः शब्द प्रयोग किये जाते हैं। इसलिए शाब्दिक चिंतन में उपयोग किया जाता है, किंतु यह आवश्यक नहीं कि शब्द पर आश्रित रहे। अर्थयुक्त चित्र भी अर्थगत सूचनाएँ सम्प्रेषित करते हैं।

व्यावहारिक (Behavioural) (B) – मानव अंतर्क्रिया में शामिल आवश्यक रूप से गैर आकृतिक एवं गैर.शाब्दिक सूचनाओं से संबंधित जहाँ दूसरों एवं स्वयं की अभिवृत्तियाँ, आवश्यकताएँ, इच्छाएँ, मिजाज, मंशाएँ (Intentions) प्रत्यक्षण एवं विचार शामिल हों।

उत्पादन (Products) – बुनियादी सूचना के रूपों में, जो कि प्राणी द्वारा संसाधित करने में उपयोग आती हैं।

इकाई (Unit) (U) – अपेक्षाकृत अलग की हुई (Segregated) अथवा सीमित (Circumscribed) पदों अथवा सूचना के अंशों (Chunkes) जिसमें 'वस्तु' के गुण हों।

वर्ग (Classes) (C) – समान गुणों के आधार पर समूहीकृत सूचनाओं के पदों के समुच्चय से संबंधित संकल्पनों।

संबंध (Relations) (R) – परिवर्तियों अथवा उन पर लागू संपर्क बिंदुओं पर आधारित सूचनाओं के पदों के बीच संयोजनों (Connections) संबंधात्मक संयोजन निहितार्थात्मक संयोजन की तुलना में अधिक परिभाषित करने योग्य हैं।

पद्धतियाँ (System) (S) – संगठित अथवा संरचित सूचना के पदों का सहयोग अंतर्संबंधित अथवा अंतर्क्रियाशील जटिलताएँ।

रूपातंरणों (Transformations) (T) – विभिन्न प्रकार.के परिवर्तन, पुनर्परिभाषीकरण, स्थान परिवर्तनों, पारगमनों अथवा संशोधन।

निहितार्थों (Implications) (I) – सूचनाओं के पदों के महत्व, सामीप्यता की विशेषता के कारण, अथवा कोई भी स्थिति जो संबंधों को आगे बढ़ाती है, परिस्थितिजन्य संयोजन।

गिलफोर्ड का बुद्धि की संरचना का नवीनतम प्रतिमान (1988)

गिलफोर्ड ने अपने प्रतिमान में निरंतर शोध जारी रखी एवं 1988 में 180 कारकों का प्रतिमान प्रस्तुत किया।

प्रस्तुत प्रतिमान में पूर्व प्रतिमान की तुलना में उत्पादन में कोई अंतर नहीं, जबकि क्रियाओं के अंतर्गत स्मृति को दो भागों में विभक्त कर दिया गया, प्रथम है स्मृति धारण एवं द्वितीय है स्मृति अंकन।

पूर्व प्रतिमान की तुलना में विषयवस्तु के अंतर्गत आकृतिक विषयवस्तु के स्थान पर दृश्यिक एवं श्रव्य विषयवस्तु को जोड़ा गया। हालांकि गिलफोर्ड ने यह बताया कि उसके बुद्धि के 180 कारकों को उच्चक्रम की मानसिक योग्यताओं को छोटी संख्या में प्रस्तुत किया जा सकता है।

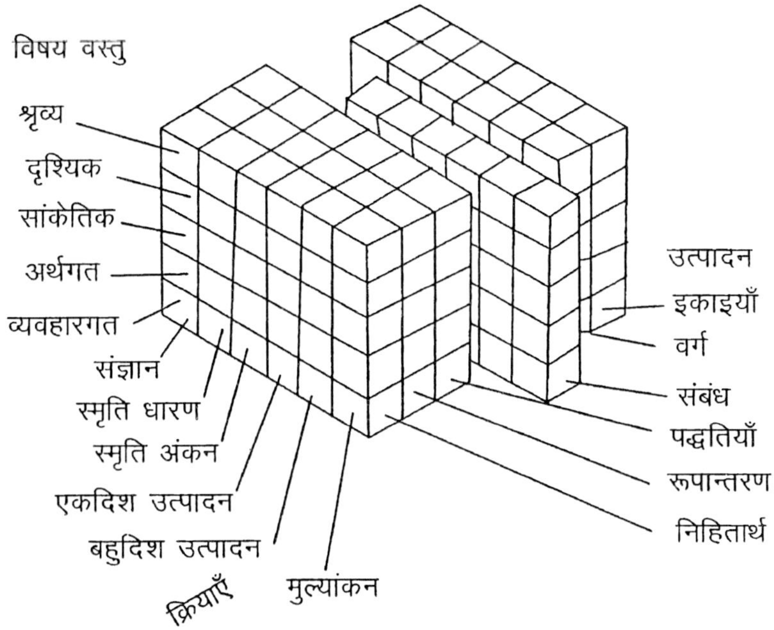

चित्र 4.8: गिलफोर्ड की बुद्धि की संरचना का नवीनतम प्रतिमान

5

सृजनात्मक व्यक्ति
(The Creative Person)

परिचय

सृजनात्मकता की प्रकृति को जानने का एक तरीका यह हो सकता है कि सृजनात्मक व्यक्तियों की प्रकृति का परीक्षण करें। अब्राह्म मेस्लो ने आत्म – वास्तविकीकरण के अध्ययन के लिए अलग उपागम का उपयोग किया। उसके अनुसार वह व्यक्ति जो अपने समस्त गुणों (Talents) एवं प्रतिभा का उपयोग करता प्रतीत होता है, वह आत्मवास्तविकता को प्राप्त करता है। उसने अनेक व्यक्तियों की जीवनगाथा एवं साक्षात्कार के द्वारा एक समूह का अध्ययन किया। उसके अध्ययन में अब्राह्म लिंकन, थामस जेफरसन, अलबर्ट, स्विट्ज़र, इ रूजवेल्ट, पाब्लो रेसल्स, पिमरे रिनोट एवं बेंजामिन फेंकलीन शामिल थे। अपने अध्ययन में मेस्लो ने उन विशेषताओं की पहचान करने का प्रयास किया जो इन सभी में उच्चतम अथवा न्यूनतम अंशों में थीं। प्रयोज्य सामान्यतः सुरक्षित, निश्चिंत, स्वीकृत एवं प्यार अनुभूत करते प्रतीत होते थे। उसने उनके जीवन के प्रति दार्शनिक एवं धार्मिक अभिवृत्तियों का अध्ययन किया। इन व्यक्तियों में उनके बाहर की समस्याओं पर ध्यान केन्द्रित करने की योग्यता थी। वे मानव की बड़ी समस्याओं पर ध्यान केन्द्रित करते थे, न कि अपनी समस्याओं पर। वे एकांत पसंद करते थे, ताकि अपने कार्य पर गहराई से ध्यान केन्द्रित कर सकें।

मेस्लो ने इन सब में विशेष प्रकार की सृजनात्मकता, मौलिकता एवं खोजी प्रवृत्ति पाई। वे कुण्ठा से मुक्त थे एवं ताजगी एवं स्फूर्ति से भरे हुए थे। मेस्लो ने यह अनुभव किया कि इनके वर्णन से ये व्यक्ति अवास्तविक एवं अमानव प्रतीत होते थे। इनमें नैतिकता की व्यक्तिगत समझ थी।

सृजनात्मकता के प्रभावी सहसंबंध का सर्वेक्षण डेविंग (1970), वालेच और गेअर (1970) ने किया। इनमें सृजनात्मक बालक एवं प्रौढ़ों की निम्न समान विशेषताएँ पाई गईं–

1. ये सभी प्रकार के अनुभवों के लिए खुले रहते हैं। इनमें विपरीत लिंगी के विशेषक पाए जाते हैं।
2. वे भीड़ अथवा सामाजिक दबाव के आगे झुकते नहीं वे अपने आप पर भरोसा रखते हैं, न कि दूसरों पर। उनमें आत्म पहचान की समझ होती है।
3. वे अपने माता-पिता के निकट होते हैं, तथा वे संवेगात्मक विलगता प्रकट करते हैं।

सृजनात्मक व्यक्ति की विशेषताएँ (Characteristics of a Creative Person)

टोरेन्स (1962) ने कई सृजनात्मक व्यक्तियों के व्यवहारों का व्यापक अध्ययन कर सृजनात्मक व्यक्तियों की व्यक्तित्व विशेषताओं की एक सूची तैयार की। ये सारी विशेषताएँ सृजनात्मक व्यक्ति के व्यवहार को प्रदर्शित करती हैं, इन 84 व्यवहारों की सूची यहाँ प्रस्तुत हैः

1. अव्यवस्था को स्वीकारना (Accepts Disorder),
2. जोखिम उठाना,
3. दृढ़ भावात्मकता,
4. दूसरों के प्रति जागरूकता,
5. अव्यवस्था की ओर आकर्षित,
6. कठिन कृत्यों को करना,
7. रचनात्मक आलोचना,
8. तीव्र व अन्तरविवेकशील परंपराएँ
9. परार्थवादी,
10. हमेशा किसी न किसी कारण से परेशान रहना,
11. रहस्यात्मक खोजों के प्रति आकर्षित होना,
12. झेंपु या लज्जालु,
13. साहसी,
14. शिष्टाचार की पंरपंराओं को परिभाषित करना,
15. स्वास्थ्य की पंरपंराओं को परिभाषित करना,
16. श्रेष्ठ होने की इच्छा,
17. दृढ़ निश्चयी,
18. विभेदीकृत मूल्य पदानुक्रम,
19. असंतुष्ट,
20. संगठन को बिगाड़ने वाले,
21. हावी,
22. संवेगात्मक,
23. संवेगात्मक रूप से संवेदनशील,
24. ऊर्जावान,
25. दोष निकालने वाला,
26. लोगों की परवाह नहीं करना,
27. जिज्ञासा से परिपूर्ण,

28. प्रायः आत्म संतुष्ट लगना,
29. एकांतप्रिय,
30. अनुभव करना कि सारी व्यवस्था गड़बड़ है,
31. निर्णय में स्वतंत्र,
32. चिंतन में स्वतंत्र,
33. व्यक्तिवादी,
34. अन्तर्ज्ञानात्मक,
35. परिश्रमी,
36. अन्तर्मुखी,
37. व्यवसाय योग्यता में कमी,
38. त्रुटि करना,
39. कभी न ऊबना,
40. आक्रामक एवं पलायनवादी नहीं,
41. लोकप्रिय न होना,
42. विचित्र आदतें,
43. सतत,
44. अपने विचारों में लीन,
45. जटिल विचारों के लिए पंसद,
46. गैर पुष्टिक,
47. अस्वाभाविक समय पर कार्य करना,
48. प्रश्न करने की योग्यता,
49. आमूलचूल परिवर्तनवादी,
50. बाह्य उद्दीपकों को ग्रहण करना,
51. दूसरों के विचारों का ग्राही,
52. कभी कभार पलायनवादी,
53. विचारों के दमन का विरोधी,
54. दमन को नकारना,
55. संकल्पी,
56. घुन्ना,
57. आत्म-सचेत,
58. आत्म विश्वासी,
59. आत्म निर्भर,
60. विनोदप्रिय,
61. सुंदरता के प्रति संवेदनशील,
62. निश्चल,
63. शक्ति को त्यागने वाला,
64. अपने आपको थोपने वाला,
65. स्वचलित,
66. भाग्य को मानना,
67. लघु विस्तार में रुचि नहीं,
68. शंकालु,
69. असहमत होने से तत्पर,
70. दूरगामी लक्ष्यों का आकांक्षी,
71. अड़ियल,
72. अस्थायी स्वभाव,
73. दृढ़,
74. वात्सल्य,
75. डरपोक,
76. परिपूर्ण,
77. शक्ति से परे,
78. कुछ असुसंस्कृत, आदिम (Somewhat Uncultured Primitive),
79. अपरिष्कृत; (Unsophisticated Naive),
80. कहने मात्र से किसी वस्तु को स्वीकार करने का अनेच्छुक, (Unwilling to accept any thing or more say to),
81. दृष्टा (Visionary),
82. बहिर्मुखी (Versatile),
83. जोखिम उठाने को तैयार (Willing to take risks),
84. काफी विरक्त एवं खामोश (Somewhat withdrawn and Quiescent).

शोध परिणामों के अनुसार सृजनात्मक व्यक्ति की विशेषताएं

क्लेन (1982) ने सृजनात्मक व्यवहार प्रदर्शित करने वाले व्यक्तियों के व्यवहारों का सार प्रस्तुत किया है–

1. अधिकतम विकल्प

विकल्पों से चुनने की प्रक्रिया इन विकल्पों के प्रत्यक्षण पर आश्रित होती है। सृजनात्मक व्यक्तियों का प्रत्यक्षण विस्तृत होता है, अतः वे अधिक उद्दीपन प्राप्त कर सकते हैं।

2. विलम्ब निर्णय (Defer Judgement)

विलम्ब निर्णय से तात्पर्य है व्यक्ति सभी विचारों को स्वीकार करेगा जब तक कि वह उनका आगे मूल्यांकन नहीं करता है।

3. एकरूपता नहीं

व्यक्ति इसलिए क्रिया करेगा कि व्यवहार अभिवृद्धि उत्पन्न कर रहा है न कि इस आधार पर कि वह पूर्व के मूल्यों एवं व्यवहार के तरीकों से एकरूप है।

4. स्वतंत्रता प्राप्त करना **(Seek Freedom)**

सृजनात्मक व्यवहार से तात्पर्य है सीमाओं से आगे जाना। सृजनात्मक व्यक्तियों को परंपरा एवं आदतों से स्वतंत्र होना चाहिए।

5. क्रियोन्मुख (Action Oriented)

सृजनात्मकता एक सक्रिय प्रक्रिया है। यह ज्ञात सीमााओं से आगे जाने की मांग करती है।

गोवन, खतेना एवं टोरेन्स (1981) ने कुछ शोध परिणामों का सार निम्नानुसार प्रस्तुत किया हैः

सृजनात्मक व्यक्ति में संकल्पनात्मक संदेह को सहन करने की योग्यता होती है, वे संगठनात्मक विचारों के द्वारा चिंतित नहीं होता, वह इसे उच्च संश्लेषण के मार्गदर्शक के रूप में देखता है।

सृजनात्मक व्यक्तियों में स्वतंत्र ऊर्जा का ज्यादा कोष होता है। यह स्वतंत्र ऊर्जा प्रायः उच्च अंश में मनोवैज्ञानिक स्वास्थ्य का परिणाम प्रतीत होता है। सृजनात्मकता रुझान, केन्द्रण अथवा रुचियों एवं ध्यान के खिंचाव के द्वारा बढ़ती प्रतीत होती है।

सृजनात्मकता के प्रभावी प्रशिक्षण के लिए सुझाव

कल्लाहन (1978) ने सृजनात्मकता के प्रभावी प्रशिक्षण के लिए निम्न सुझाव दिए हैं:

1. डर रहित वातावरण प्रदान कीजिए। कक्षा के वातावरण का निर्माण इस प्रकार से किया जाना चाहिए ताकि विद्यार्थियों के विचारों एवं मतों का आदर किया जा सके। विद्यार्थियों को प्रश्न पूछने के लिए प्रोत्साहित किया जाना चाहिए। विद्यार्थियों से ऐसे प्रश्न किए जाने चाहिए जो विद्यार्थियों के मुक्त उत्तरों की अनुमति देते हों।
2. अध्यापक अपना निर्णय छात्रों पर न थोपे, तथा वह बहुदिश चिंतन के लिए अधिक स्वतंत्रता प्रदान करें। वह विद्यार्थियों को ऐसा निकष विकसित करने के लिए प्रोत्साहित करे, ताकि वे अपना एवं अपने साथियों के कार्य का मूल्यांकन कर सकें।
3. अध्यापक को ज्यादा से ज्यादा अवसरों पर आदर्श सृजनात्मक समस्या समाधान प्रक्रियाओं को ध्यान में रखना चाहिए।
4. उसे ऐसी गतिविधियों एवं प्रश्नों का समन्वय करना चाहिए जो ज़्यादा विषयवस्तु क्षेत्र के बहुदिश उत्पादन एवं मूल्यांकन को प्रोत्साहित करें।
5. विद्यार्थियों को सृजनात्मक होने, मौलिक होने तथा समस्या समाधान के नए तरीके विचारित करने के लिए लगातार जागृत प्रयास करना चाहिए।
6. नवीन उत्पादनों को सुव्यवस्थित पुनर्बलित करना चाहिए। सक्रिय अनुबंधन सिद्धांत के अनुसार पुनर्बलन से वांछित अनुक्रिया की शक्ति बढ़ती है तथा उस अनुक्रिया के घटित होने की संभावना भी बढ़ जाती है। अतः वांछित अनुक्रिया के पश्चात् पुनर्बलन का उपयोग किया जाना चाहिए।
7. ज़्यादा से ज़्यादा ज्ञानेन्द्रियों के लिए उद्दीपन प्रदान करना चाहिए।
8. उन्हें उच्च संरचित एकदिश प्रकार की गतिविधियों से बहुदिश प्रकार की गतिविधियों पर लाने के लिए पर्याप्त गतिविधियाँ कराई जानी चाहिए ताकि वे सृजनात्मक गतिविधियों में संलग्न हो सकें।
9. गतिविधियों का संयोजन कक्षा अनुदेशन में किया जाना चाहिए ताकि विद्यार्थी बड़ी तादाद में सही अनुक्रियाएँ उत्पन्न कर सकें। अध्यापक को खुले प्रश्न पूछना चाहिए ताकि ज़्यादा से ज़्यादा उत्तर प्राप्त हो सकें।
10. विद्यार्थियों को मस्तिष्क उत्पल्वन के नियम बताए जाने चाहिए।

ट्रेफिंगर (1983) एवं अन्य सृजनात्मक अधिगम प्रोत्साहनीयता प्रतिमान

ट्रेफिंगर (1983) ने ऐसे कार्य बताए हैं, जिससे प्रवाहता, नम्यता एवं मौलिकता की विभाओं को उद्‌दीप्त किया जा सकता है:

1. माना कि कोई अवास्तविक अथवा तथ्य के विपरीत स्थिति हो तो उस का परिणाम क्या होगा? जैसे यदि मंगल ग्रह का कोई बालक हमारी कक्षा में भर्ती हो जाए?
2. उत्पाद सुधार – ऐसी अनेक वस्तुएँ हैं, जिन्हें बेहतर बनाया जा सकता है जैसे हमारे विद्यालय की मेज, श्यामपट, हमारे विद्यालय के खेल का मैदान, खिलौने, किताबें, चश्मा।
3. अपूर्ण प्रारंभ – चित्र बनाइए, अपूर्ण प्रारंभ से कहानी लिखिए। यहाँ कुछ वस्तुएँ हैं उनसे आप क्या बना सकते हैं?
4. सामान्य वस्तुओं के नए उपयोग – कुर्सी, केलेण्डर, पेन, खिड़की, डस्टर इनके नए उपयोग क्या हो सकते हैं यह पूछना।
5. वैकल्पिक शीर्षक अथवा अंत – किसी कहानी के चित्र

सृजनात्मक बालकों के अध्यापक

सृजनात्मक बालकों के अध्यापकों के लिए टोरेन्स (1962) ने निम्न सूची दी है:

1. अध्यापकों को यह प्रदर्शित करना चाहिए कि वे कक्षा में गैर-परम्परागत विचारों और सृजनात्मकता की कद्र करते हैं। उन्हें विद्यार्थियों के इन विचारों को भले ही ये विचार जंगली लगे, प्रोत्साहित करना चाहिए।
2. बच्चों को संवेदी उद्‌दीपकों जैसे रंग, ध्वनि, चित्र, गंध के प्रति संवेदनशीलता विकसित करने के अवसर प्रदान करना चाहिए।
3. विद्यार्थियों को अपने प्रत्यक्षणों पर विश्वास करने के लिए पढ़ाना चाहिए भले ही उनके ये प्रत्यक्षण अन्यों से अलग हों।
4. चाहे कितने ही अस्वाभाविक क्यों न हो, बच्चों को विविध क्षेत्रों के ज्ञान एवं अभिरुचियों के अर्जन करने के लिए प्रोत्साहित करना।
5. विद्यार्थियों को अपने द्वारा पहल किए गए अधिगम के अवसर प्रदान करना।
6. विचारों पर कार्य करने के लिए स्रोत उपलब्ध कराना अर्थात् ग्रंथालय, प्रयोगशालाएँ, संग्रहालय, भ्रमण, क्लब इत्यादि।
7. बालकों के अपने-आप लिखने, चित्र बनाने, पढ़ने के लिए कालांश प्रदान करना।

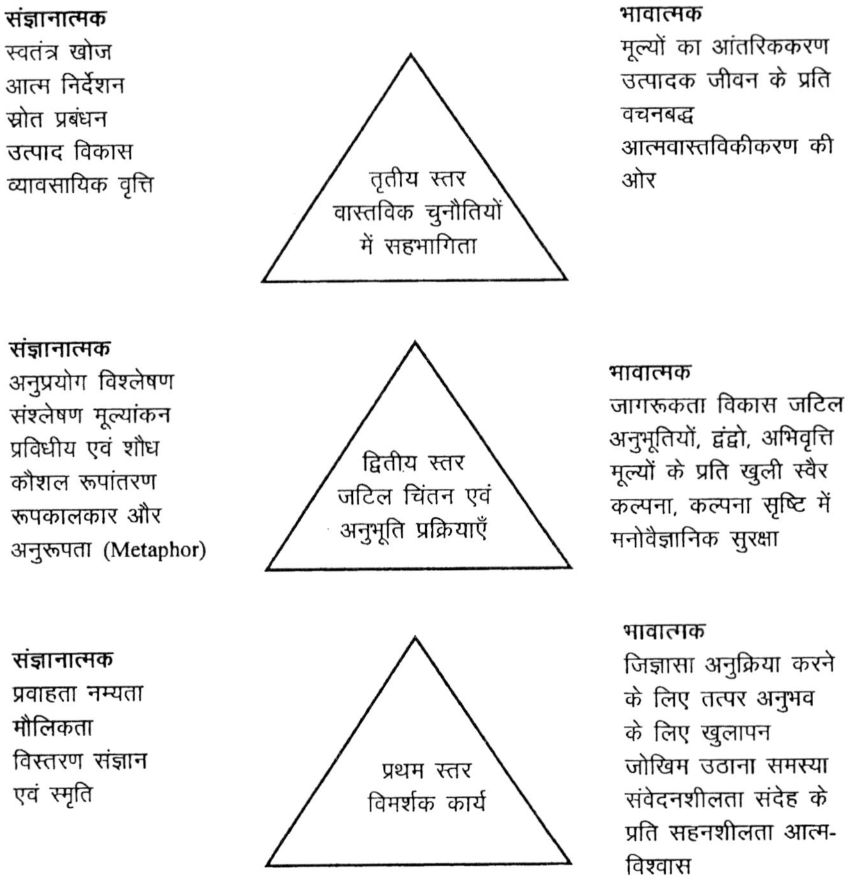

चित्र 5.1: सृजनात्मक अधिगम प्रोत्साहित करने के लिए प्रतिमान ट्रेफिंगर एवं अन्य (1983)

8. कभी-कभी मस्तिष्क उत्प्लवन (Brain Storming) का उपयोग करना।
9. विचारों के सुव्यवस्थित परीक्षण करने के लिए विद्यार्थियों को प्रशिक्षित करना।
10. जब विचारों का मूल्यांकन कर रहे हों अथवा समालोचना कर रहे हों तब समालोचना का उपयोग निर्माणात्मक रूप में करें।
11. सृजनात्मक बालकों को दिखाना कि समूह की अस्वीकृति को कैसे अनदेखा करें तथा कम प्रतिभाशालियों के प्रति मददगार रहें।

12. माता-पिता एवं समुदाय को उन्हें समझने में सहायता करना, ताकि वे उनके विचारों का स्वागत करें एवं प्रोत्साहित करें।
13. अपनी जिज्ञासा एवं खुलापन बनाए रखें।
14. सृजनात्मक चिंतन पर शोध का स्वागत करें।

सृजनात्मक बालकों के लिए प्राचार्य एवं अन्य शिक्षकों द्वारा किए जाने वाले कार्य

लेकाक (1957) ने 10 बिंदु बताए हैं जिनका उपयोग किसी भी स्तर की योग्यता वाले बालकों के लिए किया जा सकता है, किंतु ये विशेषकर तीव्र-बुद्धि वालों के लिए उपयुक्त हैं:

1. सामान्य पठन को प्रोत्साहित करना तथा बालक को उचित पुस्तकें, पत्रिकाएँ, पेम्फलेट इत्यादि के लिए निर्देशन प्रदान करना।
2. अभिरुचियों, संग्रहों, हस्तकार्यों का उद्दीपन प्रदान करना। दूसरे विद्यार्थियों के साथ रुचियों का साझा करने के लिए प्रोत्साहित करना।
3. विद्यालयीन नाटकों की सृजनात्मकता में योगदान देना।
4. विद्यालय की पाठ्यसहभागी गतिविधियों में सहभागिता करना।
5. संग्रहालयों, प्राणिसंग्रहालयों, कारखानों, सामुदायिक केन्द्रों एवं प्राकृतिक स्थलों के लिए क्षेत्र भ्रमण आयोजित करना।
6. सामुदायिक स्रोतों पुस्तकालयों, कला विथिका की कक्षाओं, स्काउट, चर्च इत्यादि की खोजबीन करना।
7. प्रतिभाशाली प्रौढ़ों से संपर्क करना, उन्हें विद्यालय में बोलने के लिए कहना तथा उनका साक्षात्कार लेना।
8. विद्यालय छूटने के पश्चात् विद्यार्थियों के लिए प्रयोगशालाओं एवं कला कक्षा की व्यवस्था करना।
9. धातु कार्य, टायपिंग/कम्प्यूटर, विदेशी भाषा इत्यादि की कक्षाओं का संगठन करना।
10. उन्हें सामुदायिक सेवा करने के लिए प्रोत्साहित करना।

सृजनात्मकता के विकास की विधियाँ (Methods of Developing Creativity)

सृजनात्मकता के विकास की चार प्रमुख विधियों का क्रमानुसार वर्णन अग्रलिखित है:

1. साइनेटिक्स (Synectics) साइनेटिक्स एक यूनानी शब्द है जिसका अर्थ होता है – भिन्न-भिन्न असंबंधित तत्त्वों को मिलाना। यह अपरिचित को

परिचित करना एवं परिचित को अपरिचित करने के सिद्धांत पर बल देती है। जब हमारे सामने कोई समस्या आती है तब हम उसे अपने पूर्व ज्ञान के आधार पर समझने का प्रयास करते हैं अर्थात् अपरिचित को परिचित करते हैं। किन्तु ऐसा करने में संकट यह है कि हम अपने पूर्व ज्ञान में उलझ जावें तब नये दृष्टिकोण का विकास ही नहीं होगा। अधिकतर समस्याएँ नयी नहीं होती है किन्तु हमारे सामने चुनौती यह होती है कि इस समस्या को नये ढंग से देखें यानि परिचित को अपरिचित करें।

परिचित वस्तुओं को अपरिचित एवं अपरिचित वस्तुओं को परिचित बनाने के मुख्य चार प्रकार है–

(अ) **वैयक्तिक सादृश्य** – इसमें व्यक्ति अपने.आपको किसी काल्पनिक व्यक्ति की स्थिति में रखकर यह विचार करता है कि उसने किस प्रकार से कार्य किया होगा और उसे क्या अनुभव हुआ होगा। साहित्यकार इसी का सहारा लेते हैं। अध्यापक सफल तभी होता है जबकि वह अपने.आपको विद्यार्थियों की स्थिति में रखकर विचार करता है।

(ब) **सीधा सादृश्य** – समानान्तर तथ्य, ज्ञान एवं तकनीक का उपयोग कर समस्या का समाधान किया जाता है। लूई पाश्चर ने ग्वालन से सुना था कि उसकी गायों को चेचक नहीं हो सकती क्योंकि उसकी गायों को पूर्व में चेचक हो चुकी थी। उसने यह सादृश्य बनाया कि चेचक से संक्रमित गाय को पुनः चेचक नहीं हो सकती अतः यदि एक व्यक्ति को चेचक से संक्रमित कर दिया जाये तब उसे भी चेचक नहीं होगी। इस प्रकार से चेचक के टीके का निर्माण हुआ।

(स) **सांकेतिक सादृश्य** – यह समस्या से संबंधित किसी मुख्य शब्द अथवा शब्दों का अत्यन्त सार कथन है। इस प्रक्रिया में व्यक्ति (या समूह) मुख्य शब्द का चयन करता है तथा अपने-आपसे उसके अर्थ पूछता है तत्पश्चात् शब्द के अर्थ एवं मन में उठने वाली भावनाओं को वह दो शब्दों में व्यक्त करता है। ये दो शब्द ऐसे होना चाहिए जो अर्थ को व्यापक रूप दे सकें एवं हो सके तो विरोधाभास प्रस्तुत कर सकें।

उदाहरणार्थ – सज्जनः विवश प्राणी
अंतरिक्षः ठोस खोखलापन

(द) **मुक्त सादृश्य** – फ्रायड के लिए सामान्य तौर पर सृजनात्मक कार्य एवं विशेषतः कला आकांक्षा की पूर्ति है इसमें व्यक्ति कल्पना करता है

कि यदि उसकी समस्या का कोई आदर्श हल निकलता तो उसका क्या रूप होगा? यहाँ उसे बाह्य जगत के बंधन – क्या सम्भव है क्या असम्भव है बांधते नहीं हैं।

2. रूपात्मक विश्लेषण – प्रस्तुत विधि में किसी दी हुई समस्या के सभी सम्भावित समाधानों का विश्लेषण पूर्णतः निष्पक्ष तरीके से किया जाता है। समस्या के समाधान में किसी भी स्थिति को अनदेखा नहीं किया जाता है। रूपात्मक विश्लेषण विधि की यह मान्यता है कि प्रत्येक व्यक्ति अन्तर्निहित प्रतिभाशाली है, अतः यह सभी प्रकार के बौद्धिक स्तरों के लोगों के लिए उपयोगी है। प्रस्तुत विधि का उपयोग रेडियो, इलेक्ट्रानिक, टैक्सटाइल इत्यादि में सफलतापूर्वक किया गया है। पिल्ले ने भूगोल का एक उदाहरण बताया है जहाँ अध्यापन रूपात्मक विश्लेषण का प्रयोग कर सकता है। माना कि समस्या यह है कि उत्तरी अमेरिका में विभिन्न कार्यों के लिये सम्भावित ऊर्जा पद्धति कौन-कौन सी क्यों एवं क्यों नहीं? इस समस्या के लिए पहला पैरामीटर होगा शक्ति के स्रोत जैसे पानी, कोयला, लकड़ी, परमाणु शक्ति, प्राकृतिक गैस इत्यादि पद्धति। दूसरा पैरामीटर हो सकता है जैसे ताप शक्ति, जल विद्युत शक्ति, गैस शक्ति, अणु शक्ति इत्यादि। विभिन्न कार्य हो सकते हैः जैसे – यातायात, उत्पादन, कारखाने, खदानें एवं घरेलू उद्देश्य के लिए।

3. गुण वर्णन – किसी भी वस्तु में सुधार एवं या परिवर्तन के लिए सूचनात्मक विचारों को पैदा करने की यह एक सरल एवं प्रभावी विधि है। प्रस्तुत विधि का उपयोग कर अध्यापक किसी उत्पादन के विभिन्न गुणों का विद्यार्थियों से वर्णन पूछ सकता है तथा प्रत्येक गुण को संभाव्य परिवर्तन अथवा सुधार के स्रोत के रूप में स्वीकार कर सकता है। उदाहरणार्थ चाक के द्वारा विद्यार्थी आकार, परिमाण, रंग एवं सामग्री की पहचान करना सीख सकते है। तत्पश्चात् इन्हीं विभिन्न गुणों में परिवर्तन के आधार पर वे बहुत सारे विभिन्न प्रकार के चाकों के बारे में विचार व्यक्त कर सकते हैं।

4. मस्तिष्क उत्प्लवन (Brain Storming) – प्रस्तुत विधि के निर्माता अलेक्स आसबोर्न है। जब एक विशिष्ट रुचि के क्षेत्र में नये विचारों को उत्पन्न करने के लिए लोग मिलते हैं तब उस स्थिति को मस्तिष्क उत्प्लवन कहते हैं। विचारों को जैसे ही वे (विचार) आते हैं। व्यक्त करते हैं तथा वे दूसरों के व्यक्त विचारों से भी विचारों को निर्माण करते हैं।

मस्तिष्क उत्प्लवन की कुछ परिभाषाएँ अग्र हैंः

- नये विचारों के उत्पन्न करने की प्रक्रिया है।

+ मस्तिष्क उत्प्लवन एक सम्मेलन तकनीक है। जिसके द्वारा समूह किसी विशिष्ट समस्या का हल दूसरे सदस्यों द्वारा सभी विचारों के स्फूर्त रूप से निर्धारण द्वारा प्राप्त करते हैं। (अलेक्स आसबोर्न)

सोपान दर सोपान मस्तिष्क उत्प्लवन (Step by Step Brain Storming)

मस्तिष्क उप्प्लवन के निम्न सोपान होते हैं:

1. अपनी समस्या को परिभाषित कीजिए।
2. अपने द्वारा एक समय सीमा तय कीजिए। करीब 25 मिनट सुझाए जाते हैं।
3. प्रत्येक व्यक्ति को समस्या का समाधान व्यक्त करना चाहिए। जब एक व्यक्ति उन्हें व्यक्त कर रहा हो या उन्हें मस्तिष्क उत्प्लवन में लिख रहा हो। विचारों की आलोचना नहीं होनी चाहिए। भले ही विचार चाहे जितना बेहूदा ही क्यों न हो। आलोचना से विचारों के प्रवाह में बाधा आती है।
4. जब आपका समय समाप्त हो जाये, उन पाँच विचारों का चयन कीजिए जो आपकी समस्या का सर्वश्रेष्ठ समाधान हों। दूसरे चयन का निकष शब्द चाहिए से होना चाहिए जैसे क्या यह लागत प्रभावी होगी? क्या यह विधिक होगा? क्या इसे 15 अगस्त से पूर्व करना सम्भव होगा।
5. प्रत्येक विचार को निकष के आधार पर 0 से 5 तक अंक प्रदान कीजिए। विचारों का फलांकन करने के पश्चात् उनका योग कर लीजिए।
6. सर्वाधिक फलांक वाला विचार आपकी समस्या का सर्वश्रेष्ठ समाधान होगा। यदि यह सार्थक रहे तब अगले विचार पर जाइए।

मस्तिष्क उत्प्लवन के नियम (Rules of Brain Storming)

प्रथम नियम – अपने विचारों को स्थगित रखिए अथवा रोक लीजिए।

द्वितीय नियम – मूर्खतापूर्ण एवं बढ़ा-चढ़ाकर व्यक्त किए गए विचारों को प्रोत्साहित कीजिए।

तृतीय नियम – इस अवस्था पर विचारों की गुणवत्ता के स्थान पर उनकी संख्या पर ध्यान दीजिए।

चतुर्थ नियम – दूसरों के द्वारा रखे विचारों से विचारों का निर्माण कीजिए।

पंचम् नियम – प्रत्येक व्यक्ति और प्रत्येक विचार को समान महत्त्व होता

6

प्रतिभाशाली बालकों के अध्यापक
(Teacher of the Gifted Children)

प्रतिभाशाली बालकों के अध्यापकों की विशेषताएँ

माध्यमिक शिक्षा आयोग (1964–66) में कहा गया है कि "राष्ट्र के भाग्य का निर्माण उसकी कक्षाओं में होता है।" अर्थात् अध्यापक ही भविष्य के निर्माता होते हैं। अध्यापक पर अधिगम की गुणवत्ता निर्भर होती है। एक अच्छा अध्यापक बालकों को सार्थक अधिगम अनुभव प्रदान करता है। अध्यापक के गुणों पर ही उसकी कक्षा में सफलता निर्भर करती है। सम्पसन एवं ल्यूस्किग ने प्रतिभाशाली विद्यार्थियों के अध्यापकों की निम्न विशेषताएँ बताई हैं:

श्रेष्ठ बुद्धि (Superior Intelligence)

ज़्यादातर प्रशासक एवं पर्यवेक्षक जो कि प्रतिभाशालियों के लिए अध्यापक का चयन करते हैं, वे औसत से उच्च बुद्धि को आवश्यक मानते हैं। वास्तव में विद्यार्थियों का बौद्धिक सामर्थ्य कैसा भी हो, उनके अध्यापक की बुद्धि औसत से उच्च होनी ही चाहिए। चूंकि अध्यापकों को प्रतिभाशाली विद्यार्थियों को पढ़ाना होता है एवं प्रतिभाशाली जिज्ञासु होते हैं, अतः इनके अध्यापकों की बुद्धि श्रेष्ठ होनी चाहिए।

विद्यार्थियों में रुचि (Interest in Students)

अध्यापक की विद्यार्थियों में गहन रुचि होना आवश्यक है। अध्यापक की विद्यार्थियों की रुचियों में रुचि होना चाहिए। उसे उनके विचारों एवं अभिव्यक्तियों का ध्यान रखना चाहिए। उसे चाहिए कि वह अपने विद्यार्थियों को ज़्यादा से ज़्यादा जाने तथा इस ज्ञान का उपयोग वह अध्ययन कार्यक्रम की योजना बनाने में करें। उसे विद्यार्थियों के प्रति सहानुभूतिपूर्ण एवं मददगार होना चाहिए।

प्रतिभाशालियों के अध्यापक वास्तव में इस बात में रुचि रखते हैं कि वे उनकी कैसी सहायता करें ताकि वे सर्वश्रेष्ठ उपलब्धि अर्जित करें, जिसके वे लायक हैं। अध्यापक यह जानता है कि विद्यार्थी को पग-पग पर सहायता नहीं करनी है, अपितु उसके द्वारा दिए गए सुझाव ही उनके घण्टों कार्य करने के लिए पर्याप्त होते हैं।

सृजनात्मकता (Creativity)

प्रतिभाशालियों के अध्यापक को सृजनशील होना चाहिए। उसे विद्यार्थियों के अध्यापन के लिए मौलिक तरीके खोजने चाहिए। उसे इस बात का एहसास होना चाहिए कि सृजनात्मकता केवल वह नहीं है, जिसे कला कहा जाता है। बल्कि वह अनेक प्रकार से विकसित की जा सकती है एवं पहचानी जा सकती है। वह नए विचार, निहितार्थ अथवा किसी वस्तु का नया उपयोग देख सकता है। वह अपने चिंतन एवं समस्या समाधान से बंधा नहीं होता। वह अपने विद्यार्थियों को समस्या समाधान के नए-नए तरीके खोजने में सहायता करता है।

वह विद्यार्थियों की अस्वाभाविक अनुक्रियाओं को ग्रहण करता है तथा उनके प्रति सकारात्मक अनुक्रिया व्यक्त करता है। वह परम्परागत चिंतन से हटकर चिंतन करता है तथा उसमें नम्यता एवं मौलिकता होती है। विद्यार्थियों के सामान्य से अलग दिए उत्तरों को वह अस्वीकार नहीं करता, अपितु उसे सहर्ष ग्रहण करता है।

विधि में साधन सम्पन्नता (Resourcefulness in Method)

प्रतिभाशालियों विद्यार्थियों के अध्यापकों को साधन सम्पन्न होना चाहिए। उसे छपे अध्ययन, पाठ्यक्रम एवं निर्देशिका पर निर्भर नहीं होना चाहिए, अपितु उसे नयी अध्ययन विधियाँ विकसित करना चाहिए। निश्चय ही प्रतिभाशालियों के लिए विकसित किए गए अन्य कार्यक्रमों से उसे सुझाव अवश्य प्राप्त करने चाहिए। उसे इन विकसित कार्यक्रमों का परीक्षण कर इनमें सुधार करना चाहिए तथा उपयुक्त न पाए जाने पर त्याग भी देना चाहिए। प्रतिभाशाली विद्यार्थियों के अपने अनेक विचार हो सकते हैं, जो कि प्रायः उपयोगी एवं सार्थक होते हैं। अध्यापक को अन्य प्रकार के स्रोतों जैसे व्यक्ति, पुस्तकें, पेम्फलेट, फिल्म, फिल्म स्ट्रिप, क्षेत्र भ्रमण के स्थान आदि की उपलब्धता ज्ञात होनी चाहिए। ताकि वह अधिगम के पूरक के रूप में इनका उपयोग कर सकें। वह साम्रगी निर्माण करने में भी पारंगत होना चाहिए। उसे अपने विद्यार्थियों को भी सामग्री निर्माण करने के लिए प्रोत्साहित करना चाहिए।

वृहत ज्ञान (Broad Knowledge)

प्रतिभाशाली विद्यार्थियों के अध्यापकों के ज्ञान की सामान्य पृष्ठभूमि वृहत होनी चाहिए ताकि वे अपने विद्यार्थियों की समस्याओं की समझ बढ़ाने में सहायता कर सकें। उन्हें निश्चित विशिष्टीकृत अधिगम क्षेत्रों में ज्यादा ज्ञान एवं रुचि होती हैं, किंतु वह अपनी व्यक्तिगत रुचियों को विद्यार्थियों पर थोपता नहीं है।

वह अपने विद्यार्थियों के साथ यह सीखता है कि वह विद्यार्थियों के साथ किसी समस्या अथवा प्रश्न का अन्वेषण कर सकते हैं। वह जो ज्ञान नहीं रखता उसके बारे में बहाना नहीं बना सकता है। औसत कक्षा के अधिकांश विद्यार्थी उसके बहाने को समझ पाते हैं किंतु प्रतिभाशाली विद्यार्थियों को शीघ्र ही यह ज्ञात हो जाता है कि उनके अध्यापक को उस विषयवस्तु का ज्ञान नहीं है। ऐसा होने पर उन विद्यार्थियों का उस अध्यापक के प्रति आदर समाप्त हो जाता है।

विविध व्यक्तिगत रुचियाँ (Diversified Personal Interests)

प्रतिभाशाली विद्यार्थियों के अध्यापकों की विविध व्यक्तिगत रुचियाँ होनी चाहिए। उसे अपनी रुचियों को सतत विकसित करते रहना चाहिए। उसे वर्तमान सामाजिक एवं राजनैतिक प्रवृत्तियों एवं विकास से परिचित होना चाहिए। उसे विविध क्षेत्रों का अध्ययन करना चाहिए। वह एक गतिशील व्यक्ति होना चाहिए। उसे यह अहसास होना चाहिए कि शिक्षा अथवा सीखना कभी भी समाप्त नहीं होता। कक्षा अध्ययन समाप्त होने के पश्चात् व्यक्ति अपने आप अध्ययन कर सकता है। यही बात वह अपने प्रतिभाशाली विद्यार्थियों को बताता है। प्रतिभाशालियों के अध्यापक न केवल उस संसार, जिसमें वह रहता है, की व्यक्तिगत समझ को बढ़ाने के लिए सीखता है अपितु वह यह विचार करता है कि वह अपने प्रतिभाशाली विद्यार्थियों की कैसे सहायता करें।

अच्छा शारीरिक एवं संवेगात्मक स्वास्थ्य (Good Physical and Emotional Health)

प्रतिभाशाली विद्यार्थियों के अध्यापक का श्रेष्ठ शारीरिक एवं संवेगात्मक स्वास्थ्य होना चाहिए। चूंकि प्रतिभाशाली विद्यार्थियों के अध्यापकों को ज़्यादा से ज़्यादा व्यक्तिपरक अनुदेशन करना होता है। उसे विद्यार्थियों के लिए सामग्री तैयार करनी होती है तथा उनका मूल्यांकन कर उनकी प्रगति भी ज्ञात करनी होती है। इसमें ज्यादा ऊर्जा खर्च होती है। अतः अध्यापक का अच्छा शारीरिक एवं संवेगात्मक स्वास्थ्य होना ही चाहिए।

प्रतिभाशाली विद्यार्थियों का अध्यापक एक परिपक्व व्यक्ति होना चाहिए। परिपक्व व्यक्ति होने के कारण वह अपने विद्यार्थियों के स्वतंत्र विचारों एवं क्रियाकलापों को स्वीकार कर सकता है। परिपक्व होने से वह ईर्ष्यालु नहीं होता।

प्रजातंत्र की समझ (Understanding of Democracy)

अध्यापक को प्रजातंत्र का ज्ञान होता है एवं वह इसमें विश्वास करता है। वह प्रत्येक विद्यार्थी की काबिलियत से सहमत होता है तथा वह जो कुछ भी कर सकता है उसका वह आदर करता है। वह समान समस्याओं पर सहकारी मूल्यों से आक्रमण करने पर विश्वास करता है, जैसा कि वह अपनी कक्षा में करता है वह मानव समस्याओं के समाधान के लिए बुद्धि की विधि पर विश्वास करता है। वह अपने विद्यार्थियों की प्रजातांत्रिक मूल्यों को सीखने, समझने एवं अभ्यास करने में सहायता करता है। प्रायः प्रतिभाशाली विद्यार्थियों के अध्यापकों को औसत बुद्धि के विद्यार्थियों को पढ़ाने का कुछ अनुभव होता है। वह सामान्य बच्चों में व्यक्तिपरक अनुदेशन की आवश्यकता महसूस करते हैं। वह जानते हैं कि विद्यार्थी विद्यालय में जैसे.जैसे प्रगति करते हैं, उपलब्धियों की सीमा बढ़ती जाती है। वह यह मानते हैं कि जब प्रतिभाशाली विद्यार्थियों को अनुदेशन के उद्देश्य से एक समूह में रखते हैं, तब उनमें भी उपलब्धियों में अंतर होगा।

व्यक्तिगत विशेषताएँ (Personal Charactersitics)

प्रतिभाशालियों के अध्यापक को व्यवस्थित एवं स्वच्छ होना चाहिए। वह आकर्षक वेशभूषा अपने व्यवसाय के अनुरूप पहनता है। वह भली भाँति शिक्षण करता है,प्रत्येक प्रकार से वह अपने विद्यार्थियों के सम्मुख एक उदाहरण प्रस्तुत करता है, वह श्रेष्ठ भाषा लिखता एवं बोलता है। अच्छा शिष्टाचार प्रदर्शित करता है तथा वह यह अच्छी तरह से जानता है कि उन लोगों के साथ कैसे व्यवहार करें, जिनसे वह अंतर्क्रिया करता है।

प्रतिभाशाली विद्यार्थियों के अध्यापकों की शिक्षा का कार्यक्रम

प्रतिभाशाली विद्यार्थियों के अध्यापकों की शिक्षा का कार्यक्रम उच्चतम गुणवत्ता का होना चाहिए। इसके निम्न तीन घटक होते हैं–

1. सामान्य शिक्षा,
2. विशिष्ट शिक्षा, और
3. व्यावसायिक शिक्षा।

1. सामान्य शिक्षा (General Education)

सामान्य शिक्षा के कार्यक्रम सभी विद्यार्थियों के लिए आवश्यक होते हैं, जो कि बुनियादी कौशलों के विकास एवं सुधार के लिए आवश्यक होते हैं। इसमें मातृभाषा, गणित एवं समाजविज्ञान के पाठ्यक्रम आते हैं। भाषा के द्वारा सम्प्रेषण कौशलों का विकास किया जाता है। गणित के द्वारा अंकिक संकल्पनाएँ एवं मात्रात्मक तर्क विकसित किए जाते हैं तथा समाज विज्ञान के द्वारा जिस संसार में हम रहते हैं, उसके व्यक्तियों तथा प्रजातंत्र की अभिवृद्धि, नागरिक के रूप में उसके अधिकार एवं कर्त्तव्य का ज्ञान इत्यादि प्रदान किया जाता है। वर्तमान में विज्ञान, कला, संगीत एवं शारीरिक शिक्षा के पाठ्यक्रमों में भी सामान्य शिक्षा में शामिल किया गया है।

2. विशिष्टीकृत शिक्षा (Specialized Education)

इसके दो प्रकार हैं। प्रथम में वे पाठ्यक्रम शामिल होते हैं जिसमें अनुदेशन के किसी क्षेत्र में प्रमाणपत्र प्राप्त करना होता है। दूसरे अध्यापन में दक्षता प्राप्त करने के लिए।

3. व्यावसायिक शिक्षा (Professional Education)

व्यावसायिक शिक्षा के पाठ्यक्रम अध्यापक को प्रभावी रूप से अपना कार्य करने में सक्षम बनाने के लिए आवश्यक होते हैं। बाल अध्ययन एक उदाहरण है, जो कि सेवापूर्व प्रशिक्षण के लिए आवश्यक होता है। वे यह जानना चाहते हैं कि विभिन्न उम्र में बालक का सामाजिक, बौद्धिक, संवेगात्मक, नैतिक, शारीरिक विकास कैसे होता है? प्रतिभाशाली बालकों के अध्यापक यह जानना चाहेंगे कि उनके बालक कक्षा में कैसा व्यवहार करेंगे एवं उनकी क्या.क्या समस्याएँ होंगी? व्यावसायिक पाठ्यचर्या में शिक्षण तकनीक, शिक्षा का दर्शन, शिक्षा मनोविज्ञान तथा शाला में पढ़ाने का कुछ अनुभव शामिल रहता है। प्रतिभाशाली विद्यार्थियों के भावी अध्यापकों को प्रतिभाशाली बालकों के मनोविज्ञान का ज्ञान होना आवश्यक होता है। उन्हें व्यक्तिगत भिन्नताओं को जानना भी आवश्यक होता है। शिक्षा मनोविज्ञान के अध्ययन के द्वारा अध्यापक अधिगम सिद्धांतों का एवं उनके शैक्षिक निहितार्थों का अध्ययन सीखता है।

7

प्रतिभाशाली बच्चों की शिक्षा
(Education of Gifted Children)

पाठ्यचर्यात्मक लक्ष्य (Curricular Goals)

प्रतिभाशालियों के लिए शैक्षिक कार्यक्रमों का लक्ष्य उनकी सामर्थ्यों का अधिकतम विकास करना होता है। गल्लाघेर (1981) ने प्रतिभाशाली विद्यार्थियों के कार्यक्रम के लिए शैक्षिक उद्देश्यों को दो क्षेत्रों में वर्गीकृत किया है:

1. अनुशासनों के ज्ञान की संरचना में पारंगतता अर्जित करना।
2. खोज (Heuristic) कौशल।

ज्ञान संरचना में बुनियादी सिद्धांत और पद्धति ज्ञान आते हैं, जबकि खोज कौशलों में समस्या-समाधान, सृजनात्मकता और वैज्ञानिक विधि के उपयोग आते हैं। इससे तात्पर्य हैं कि प्रतिभाशाली विद्यार्थियों को विषय-वस्तु का ज्ञान और उसके उपयोग और प्रभावी विकास के लिए योग्यताओं की आवश्यकता होती है।

फेल्ड्युसेन एवं सोकोल (1982) ने प्रतिभाशाली विद्यार्थियों की संज्ञानात्मक, भावात्मक व उत्पादात्मक योग्यताएँ बताई हैं। उनका मानना था कि प्रतिभाशालियों के लिए कौशलों के अंतर्गत बुनियादी चिंतन कौशल, ज्ञान का व्यापक भंडार, अनुशासित एवं गहराई से जाँच पड़ताल, शोध एवं विश्लेषण की विधियाँ और संगठनात्मक सिद्धांत और विचार आते हैं। भावात्मक पक्ष में अपने साथियों के साहचर्य द्वारा उद्दीपन प्राप्त करना, प्रौढ़ आदर्शों के साथ अन्तर्क्रिया करना, मजबूत आत्मसंकल्पना, सामाजिक अधिगम कौशल और उनके स्वयं की योग्यताओं को स्वीकारना आते हैं। प्रतिभाशाली विद्यार्थियों के लिए कुछ उत्पादक विशेषताओं की आवश्यकता होती है। ज्ञान के उत्पादक और सृजनात्मक चिंतन के रूप में उनकी भूमिकाओं की स्वीकृति, अभिप्रेरणा और आदतों की जाँच पड़ताल और

शोध, सृजनात्मक गतिविधि शोध में प्रारंभिक एवं सतत् अनुभव एवं अन्वेषण में स्वतंत्र होते हैं।

प्रतिभाशालियों की शिक्षा के प्रकार (Types of Education of Gifted)

प्रतिभाशालियों की शिक्षा के निम्न तीन प्रकार हैं:–

I. पृथक्करण,
II. समृद्धि, और
III. त्वरण।

इनका क्रमानुसार वर्णन यहाँ किया गया है–

I. पृथक्करण (Segregation)

पृथक्करण निम्न प्रकार से किया जा सकता है–

1. अलग विद्यालय
2. समांग समूहन
3. बहु पाठ्यचर्या, चयनित पाठ्यक्रम एवं ऐच्छिक
4. विन्यास (Setting)
5. अंशकालिक विशेष कक्षाएँ
6. ग्रीष्मकालीन अथवा शनिवारीय विद्यालय और अन्य पाठ्यसहभागी रुचियाँ

1. अलग विद्यालय (Separate Schools)

प्रतिभाशाली विद्यार्थियों की पहचान कर उनके लिए अलग विद्यालयों में पढ़ने की व्यवस्था की जा सकती है, जहाँ वे अपनी सामर्थ्य के अनुसार शिक्षा ग्रहण कर सकेंगें। हमारे देश मे सैनिक विद्यालय, नवोदय विद्यालय, डेली कॉलेज इन्दौर, दून स्कूल, अजमेर का मेयो स्कूल इसी वर्ग के विद्यालय है। आय.आय.टी. एवं आय.आय.एम. और एम्स इत्यादि संस्थाएँ उच्च प्रतिभाशालियों को ही प्रवेश देती हैं। राष्ट्रीय प्रतिभा खोज परीक्षा भी इसीलिए आयोजित की जाती है।

पासो एवं गोल्डबर्ग (1962) के अनुसार अलग विद्यालयों में पढ़ने वाले तीव्र बुद्धि बालक में श्रेष्ठता की अनुभूति विकसित नहीं होती, वे अधिक उदार होते हैं।

2. समांग/योग्यता समूहन (Homogeneous/Ability Grouping)

योग्यता समूहन का उद्देश्य कक्षा में योग्यता में व्यक्तिगत भिन्नताओं को कम करना है, ताकि अध्यापक अपने अनुदेशन का अनुकूलन कर सके जो कि उसकी

चित्र 7.1: प्रतिभाशाली विद्यार्थियों का विद्यालय

कक्षा के लिए अनुकूल हो। हालांकि ऐसा माना जाता है कि यदि विद्यार्थियों का चयन किसी एक निकष के आधार पर समांग समूह में किया जाता है, तब वह समूह दूसरे परिप्रेक्ष्य में अधिक विषमांग होगा। पृथक विद्यालय के खतरे यहाँ पर भी विद्यमान होंगे, अर्थात माता-पिता अधिक दबाव डालेंगे। उच्च समूह में मुख्यतः मध्यम एवं उच्च वर्ग के विद्यार्थी होंगे तथा निम्न समूह में मुख्यतः निम्न एवं अल्पसंख्यक वर्ग के विद्यार्थी होंगे। अतः निम्न समूह के विद्यार्थियों को यह एहसास होगा कि वे हीन हैं, जबकि उच्च समूह आने आप को श्रेष्ठ समझेगा एवं उनकी अभिप्रेरणा भी उच्च होगी। एक्सट्राम (1959), गौलडर्ग एवं अन्य (1966) और एक्पोस्टिअ (1973) ने बताया कि उपलब्धियों में सुधार तभी होता है, जबकि विषयवस्तु एवं अनुदेशन की विधियाँ योग्यता स्तर के अनुसार संशोधित की जाती हैं।

3. बहुपाठ्यचर्या, चयनित कार्यक्रम एवं ऐच्छिक ***(Multiple Curriculum Elective Programmer and Options)***

माध्यमिक विद्यालयों में विषयों का चयन विद्यार्थियों की उपलब्धियों, माता-पिता की पसंद एवं विद्यालय के परामर्शदाता के आधार पर किया जाता है, जो विद्यार्थी उच्च शिक्षा नहीं लेना चाहते अथवा समर्थ नहीं होते, वे माध्यमिक कक्षा तक आते-आते (पंद्रह वर्ष की उम्र के होने पर) इस बात के प्रति जागरूक हो जाते हैं। प्रायः यह स्वीकार किया जाने लगा है कि विशिष्टीकरण विषय के अनुसार होना

चाहिए। उदाहरणार्थ शास्त्रीय अथवा आधुनिक भाषाएँ, शारीरिक अथवा जैव विज्ञान, समाज अध्ययन इत्यादि स्तर की परीक्षा (10वीं) के पश्चात् अनेक वैकल्पिक पाठ्यक्रम उपलब्ध रहते हैं।

4. विन्यास (Setting)

प्रस्तुत विधि के अंतर्गत विद्यार्थियों को विद्यालयीन विषयों के अनुसार पुनर्समूहन (Regrouping) किया जाता है। हो सकता है कि जो विद्यार्थी गणित में बहुत ही उच्च हो, वह भाषा में उतना उच्च नहीं हो। इससे समय तालिका में परेशानी आती है, किंतु इसमें विभेदकता अल्प होती है। एवं उनकी उपलब्धियाँ बेहतर होने की संभावनाएँ हो जाती हैं।

5. अंशकालिक विशेष कक्षाएँ (Part-time Special Classes)

इसके अंतर्गत कुछ उच्च प्रतिभाशाली विद्यार्थियों को लाभ पहुँचाया जाता है–

प्रायः उन्हें जिन्में चहुँमुखी श्रेष्ठ योग्यताएँ होती हैं, 2 प्रतिशत से 5 प्रतिशत का चयन अध्यापक द्वारा नामांकन अथवा बुद्धि परीक्षणों द्वारा किया जाता है। इन्हें प्रायः चौथी कक्षा के अंत में चुना जाता है। पाँचवीं एवं छठी कक्षा में इन्हें विशेष कक्षा में भेजा जाता है। ये अपना अधिकांश समय सामान्य कक्षाओं में गुजारते हैं तथा विशेष अध्यापक के पास 1 से लगाकर 5 दिन तक आधे दिन के लिए जाते हैं। विशेष कक्षा में विद्यार्थियों की अधिकतम संख्या 10 होती है। सायकर्स (1972) ने बताया कि सप्ताह में एक अथवा आधा दिन को पसंद किया जाता है। यह एक खर्चीली प्रक्रिया है। इसमें अलग से अध्यापक की नियुक्ति पर पैसा खर्च होता है।

6. ग्रीष्मकालीन अथवा शनिवारीय विद्यालय और अन्य पाठ्य सहभागी रुचियाँ

ऐसी कक्षाएँ ग्रीष्म अवकाश में कुछ सप्ताह के लिए चलाई जाती हैं। इसके अंतर्गत उन्हें वैज्ञानिक एवं अन्य प्रकरण तथा कलात्मक प्रशिक्षण कार्यशाला के द्वारा दिया जाता है। इन कक्षाओं के लिए तीव्र बुद्धि छात्र उत्साहपूर्वक अपना समय देते हैं।

II. समृद्धि (Enrichment)

सामान्य विद्यालयों में प्रतिभाशाली बच्चों के लिए समृद्धि शिक्षा का प्रावधान एक बेहतर विधि है। यह एक अध्यापन प्रक्रिया है न कि प्रशासकीय खोज। इसमें न तो त्वरण और न ही योग्यता समूहन किया जाता है। वोरसेस्टर (1956) के अनुसार समृद्धि अनुभव प्रदान करना है जिसके लिए औसत एवं औसत से नीचे वाले बालकों के पास समय एवं रुचि की कमी तथा समझने की योग्यता नहीं होती है।

इसके सरलतम रूपों में विभिन्न प्रकरणों पर पुस्तकें उपलब्ध कराई जाती हैं, जिन्हें तीव्र बुद्धि बालक विद्यालयीन समय में पढ़कर पूर्ण कर लेते हैं। कभी.कभी अध्यापक प्रतिभाशाली विद्यार्थियों को अपनी परियोजनाएँ पूर्ण करने को कहते हैं एवं वे 2-3 के समूह में अधिगम परियोजनाएँ पूर्ण कर लेते हैं। कभी-कभी 2-3 अध्यापक अपनी कक्षा के प्रतिभाशाली विद्यार्थियों के लिए सहयोग कर उन्हें अधिक चुनौतीपूर्ण एवं विविधि गतिविधियाँ प्रदान करते हैं। ये गतिविधियाँ विद्यार्थी अपनी रुचि के स्थानों पर विद्यालय से बाहर जाकर भी समुदाय के सदस्यों से अनुदेशन प्राप्त कर पूर्ण करते हैं।

संगठन (Organisation)

संगठन में निम्न बिंदुओं को ध्यान में रखना चाहिए–

1. प्रतिभाशाली विद्यार्थियों का चयन सावधानीपूर्वक किया जाना चाहिए। इसमें मनोवैज्ञानिकों का सहयोग अवश्य लिया जाना चाहिए।
2. आवश्यक सामग्रियाँ, उपकरण, संदर्शक (Module) अथवा अभिक्रमित किट्स तथा दृश्य–श्रव्य सामग्रियाँ प्राप्त की जानी चाहिए। इन सामग्रियों के चयन के लिए विशेषज्ञों का सहयोग लिया जाना चाहिए।
3. इनमें मुख्य भूमिका परामर्शदाता अध्यापक जो कि कार्यक्रम के क्रियान्वयन में पहल करेंगे तथा साथ ही नियमित अध्यापकों को सलाह देगें, की होगी।

समृद्धि के सामान्य सिद्धांत (General Principles of Enrichment)

हेविघर्स्ट एवं अन्य (1955) ने समृद्धि कार्यक्रम के निम्न 10 बिंदु बताए हैं–

1. सृजनात्मक एवं प्रयोगात्मक गतिविधियों पर ज़ोर देना चाहिए।
2. खोज कौशलों एवं अधिगम पर ज़ोर देना चाहिए।
3. स्वोपक्रम एवं मौलिकता, स्वतंत्र कार्य।
4. सम्प्राप्ति का उच्च स्तर।
5. नेतृत्व का अवसर एवं सामाजिक समायोजन।
6. अध्यापक द्वारा व्यक्तिगत ध्यान।
7. प्रत्यक्ष अनुभव।
8. संगठन एवं प्रक्रिया की नम्यता।
9. व्यापक पठन।
10. समुदाय उत्तरदायित्व से संबंधं।

ओगिल्वि (1973) ने प्रतिभाशाली बालकों की शिक्षा के लिए प्रभावी योजना की निम्न मुख्य आवश्यकताएँ बताई हैं:

1. वे समान योग्यता स्तर के अन्य बालकों के साथ कार्य करने के योग्य होना चाहिए।
2. उन्हें औसत योग्यता वाले साथियों से पर्याप्त संपर्क बनाए रखना चाहिए।
3. जब उन्हें अलग नहीं रखा गया हो तब भी उन्हें अवसरों पर अपने कार्य करना चाहिए।
4. उन्हें चुनौती देना चाहिए, यहाँ तक कि असफलता का अनुभव होने पर भी।
5. उन्हें द्रुतगति से विषयों की प्रारंभिक अवस्था से अधिक प्रगत कार्य की ओर जाना चाहिए, इसके लिए उपयुक्त स्रोत उपलब्ध होना चाहिए।
6. उन्हें अपने अध्ययन में गहराई तक जाने के लिए निर्देशन देना चाहिए।
7. उन्हें अपने स्वयं के अनुसार शोध करना चाहिए।
8. उन्हें उन अध्यापकों से संपर्क करने की आवश्यकता होती है जो कि उसके विभिन्न क्षेत्रों के विशेषज्ञ होते हैं।
9. उन्हें अपने विशेष गुणों को आगे बढ़ाने के लिए अवसर एवं प्रोत्साहन दिए जाना चाहिएं।
10. बालकों एवं माता.पिता दोनों के लिए परामर्श उपलब्ध होना चाहिए।
11. उनके साथ सामान्य बालकों जैसा व्यवहार करना चाहिए।

    डीहान एवं हैविघर्स्ट (1957) मार्टिन्सन (1973) रोथ एवं सुस्मन (1974) ने इनके अलग निम्न बिंदु दिए हैं:

12. इन बालकों के व्यक्तिगत, सामाजिक तथा बौद्धिक विकास को आगे बढ़ाने के लिए पर्याप्त ध्यान देना चाहिए।
13. अल्पसंख्यक एवं निम्न वर्ग के बालकों को इसमें ज़्यादा से ज़्यादा शामिल करना चाहिए जो कि प्रारंभ में भाषिक रूप से कम योग्य एवं उपलब्धि के मान से असाधारण न हों।
14. ज्यादातर योजनाएँ शैक्षणिक रूप से गुणी बालकों के लिए हैं। यदि संभव हो, विशिष्ट क्षेत्र में उच्च गुणी बालकों को सहायता प्रदान की जानी चाहिए।
15. स्थानीय शिक्षा अधिकारियों द्वारा जब कोई योजना चलाई जाती है तब उन्हें प्रशिक्षित कर्मचारी प्रदान किए जाने चाहिए। प्रशिक्षण कार्यशालाओं और सेवारत प्रशिक्षणों एवं विश्वविद्यालय पाठ्यक्रमों द्वारा प्रशिक्षण प्रदान करना चाहिए।

16. प्रत्येक कार्यक्रम की लागत पर विशेष ध्यान देना चाहिए। हालांकि प्रतिभाशाली बालकों की शिक्षा की लागत सामान्य बालकों से ज़्यादा ही होगी।
17. किसी भी योजना में इनके सुव्यवस्थित सफलता एवं असफलता के मूल्यांकन का प्रावधान होना चाहिए।

III. त्वरण (Acceleration)

त्वरण से तात्पर्य है कि श्रेष्ठ योग्यता वाले बालक की उच्च कक्षा में कक्षोन्नति सामान्य की तुलना में अधिक जल्दी देना। इस प्रकार वह उन बालकों के साथ कार्य करता हैं जो करीबन उसी के स्तर के होते हैं तथा वह अपनी गति से कार्य करता है। इससे कक्षा में अध्यापक का कार्य आसान हो जाता है। किंतु इस प्रकार से ऊँची कक्षा में आगे चढ़ाने से कभी-कभी विद्यार्थियों में समस्या भी पैदा हो जाती है, क्योंकि कुछ विषय वस्तु उन्होंने नहीं पढ़ी होती है। इसलिए ऊँची कक्षा के अध्यापक को कुछ व्यक्तिगत अनुशिक्षण करना होता है। नैदानिक परीक्षण के द्वारा यह पता लगाया जाता है कि बालक को किन प्रकरणों को पढ़ाया जाना आवश्यक है।

अध्यापक त्वरण को अस्वीकार करते हैं। वे कहते हैं कि बालक शारीरिक एवं सामाजिक रूप से परिपक्व नहीं होता है, जिसके कारण वह अपनी उम्र से बड़े बालकों के साथ कार्य नहीं कर सकता। अमेरिका में भी इसे अस्वीकार किया जाने लगा है।

चित्र 7.2

यह नीति इसलिए मितव्ययी है क्योंकि इस हेतु अलग से अध्यापकों की आवश्यकता नहीं होती। केवल स्कूल मनोवैज्ञानिक विद्यार्थियों का परीक्षण करता है। तीव्र बुद्धि वाले बालक 12 कक्षाएँ 10 वर्ष में उत्तीर्ण कर लेते हैं।

यद्यपि महत्त्वाकांक्षी माता-पिता प्रायः नियम तोड़ने का प्रयास कर सकते हैं, उनके बालक में पर्याप्त क्षमता न होने पर भी वे उसे तीव्र बुद्धि वाले बालकों के साथ प्रवेश दिला सकते हैं। वोरसेस्टर (1956) ने बताया कि कुछ माता-पिता त्वरण को हतोत्साहित करते हैं, जबकि वे आशा करते हैं कि उनका तीव्र बुद्धि बालक यदि सामान्य कक्षा में रहेगा तब वह शारीरिक रूप से अधिक परिपक्व होगा। इस प्रकार उसके विद्यालय की पुष्टकाय टीम में चुने जाने की सम्भावनाएँ ज्यादा होंगी। ज्यादातर मनोवैज्ञानिक एवं शिक्षाविद् इस बात से सहमत होंगे कि कक्षा को पूर्णतः मानसिक उम्र के आधार पर संगठित करना व्यावहारिक नहीं होगा। 2 वर्ष के त्वरण से तात्पर्य है कि 12 वर्ष का विद्यालय का समय 10 वर्ष में पूर्ण करना, किंतु 150 बुद्धि-लब्धि वाला बालक इसे 8 वर्ष अथवा इससे कम में पूर्ण कर सकता है। यद्यपि लेकॉक (1957) के अनुसार शारीरिक उम्र के आधार पर कक्षा का संगठन ज्यादा समांग होता है। तथ्यात्मक रूप से एक शारीरिक उम्र वाले बालक शारीरिक योग्यताओं एवं व्यक्तित्व विशेषताओं में समान होते हैं।

टर्मन (1947) ने प्रतिभाशाली बालकों के अपने अध्ययन में त्वरण के खतरों का सावधानीपूर्वक परीक्षण किया एवं यह निष्कर्ष निकाला कि जिन विद्यार्थियों के लिए त्वरण का उपयोग किया गया उन्होंने न केवल अपनी शैक्षणिक स्थिति बनाए रखी, बल्कि अपने से अधिक उम्र के सहपाठियों से बेहतर उपलब्धियाँ अर्जित की तथा उन्होंने सामाजिक एवं संवेगात्मक कुसमायोजन भी प्रदर्शित नहीं किया। बाद के अनुगामी अध्ययनों के भी यह परिणाम प्राप्त हुए। वोरसेस्टर (1956) ने यह पाया कि यदि उच्च बुद्धि वाले बालकों को समान उम्र समूह वाले बालकों के साथ रखा जाए, तब वे त्वरण की तुलना में कम समायोजित पाए गए।

त्वरण की अन्य विधियाँ यहाँ प्रस्तुत है—

1. जल्दी प्रवेश (Early Admission)

हालांकि अनेक विद्यालयों में प्रवेश की न्यूनतम उम्र निर्धारित रहती है तथा प्रवेश का माह भी तय रहता है। जैसे हमारे देश में विद्यालयों में जुलाई माह में प्रवेश दिया जाता है। यदि प्राचार्य माता-पिता एवं बालक से मिलकर इस बात से सहमत हो जाते हैं कि बालक पर्याप्त परिपक्व एवं स्वतंत्र है। तब इसे निर्धारित उम्र से पहले प्रवेश दिया जा सकता है। कभी-कभी औपचारिक बुद्धि परीक्षणों का

उपयोग भी किया जा सकता है। यदि बालक के.जी. अथवा नर्सरी कक्षा में पढ़ रहा हो तब उसकी तत्परता का निर्धारण आसानी से किया जा सकता है। हालांकि उसके ये अनुभव प्राथमिक कक्षा में बेहतर समायोजन एवं प्रगति के द्योतक नहीं हो सकते हैं। यदि तीव्र बुद्धि वाले बालकों को एक वर्ष पहले प्रवेश दिया जाता है, तब वे अपने संपूर्ण विद्यालयीन जीवन के दौरान इस प्रगत स्थानन को बनाए रखते हैं तथा बाद में भी वे त्वरण के योग्य रहते हैं।

रिनाल्ड्स (1962) ने जल्दी प्रवेश के गुण एवं दोषों का सर्वेक्षण किया एवं निष्कर्ष निकाला कि यह सीमित संख्या में तीव्र-बुद्धि छात्रों के लिए कार्य करता है, जो कि शारीरिक एवं सामाजिक गुणों में भी श्रेष्ठ हो तथा इससे संवेगात्मक एवं सामाजिक समायोजन में भी कठिनाइयाँ नहीं आई।

प्राकृतिक रूप से जल्दी प्रवेश पहली कक्षा के अध्यापकों के लिए कुछ असुविधा प्रस्तुत करता है। विशेष तौर से जब बालक वर्ष में कभी भी प्रवेश लेता है। चूंकि ऐसे बालकों की संख्या सीमित होती है, अतः इसका उपयोग सुगमता से किया जा सकता है।

2. वर्ग अंतर्विध्दीरण (Grade Telescoping)

उत्तरी अमेरिका में 12 वर्ष का विद्यालयीन काल 3 वर्षों के 4 खण्डों में विभाजित किया जाता है जैसे प्राथमिक श्रेणी व कनिष्ठ माध्यमिक एवं वरिष्ठ माध्यमिक। बड़े विद्यालयों में जहाँ एक ही दर्जे की 5, 6 अथवा अधिक कक्षाएँ होती हैं, इनमें से किसी एक कक्षा को इस प्रकार चुना जाता है कि वह 3 वर्षों का अनुदेशन 2 वर्ष में पूर्ण करती हैं, शेष कक्षाएँ उसे 3 वर्षों में पूर्ण करती हैं। इन दो वर्षीय कक्षाओं के लिए विद्यार्थियों का चयन पूर्व उपलब्धियों एवं न्यूनतम 115 बुद्धि लब्धि के आधार पर किया जाता है।

3. गैर-वर्गीय कक्षाएँ अथवा सतत प्रगति योजनाएँ (Non-Graded Classes or Continuous Schemes)

इनका उपयोग ज़्यादातर कक्षा एक में किया जाता है तथा कभी-कभी इसका विस्तार कक्षा 2 तक किया जाता है। इसका दूसरा रूप है स्तर अथवा ईकाई पद्धति। सामान्य तौर पर तीन वर्षों में पूर्ण होने वाला कार्य क्रमित ईकाइयों अथवा खण्डों में विभाजित किया जाता है। विद्यार्थी अपने स्वयं की गति से सीखते हैं। इस प्रकार वे इसे 2 वर्ष में सीख सकते हैं तथा अपेक्षाकृत धीमी गति से सीखने वाले, बल्कि इसे चार वर्षों में सीख सकते हैं। प्रस्तुत पद्धति का उपयोग कनाडा की प्राथमिक शालाओं में किया जाता है।

अमेरिका में सतत प्रगति योजनाओं का संगठन कम्प्यूटर पर छोड़ दिया जाता है। काउली एवं ग्लेज़र ने इसे व्यक्तिपरक निर्धारित अनुदेशन कहा हैं। प्राथमिक कक्षाओं के गणित एवं अंग्रेजी की पाठ्यचर्या बड़ी संख्या में लघु पदों अथवा व्यावहारिक उद्देश्यों में विभाजित की जाती है। तथा प्रत्येक के लिए अनुदेशन सामग्री प्रदान की जाती है। विद्यार्थी अपने स्वयं की गति से सीखते हैं।

4. माध्यमिक विद्यालय में अतिरिक्त पाठ्यक्रम और महाविद्यालय में जल्दी प्रवेश (Additional Courses in High School & Early Admission to Colleges)

उत्तरी अमेरिका के अनेक माध्यमिक विद्यालयों में पाठ्यचर्याओं के पसंद में लचीलापन रहता है। कभी-कभी तीव्र बुद्धि वाले विद्यार्थी सामान्य उम्र में अग्रिम में अतिरिक्त पाठ्यचर्याएँ ले सकते हैं, जिसके कारण वे एक वर्ष पहले स्नातक हो जाते हैं। चूंकि विद्यालयों में महाविद्यालय स्तर के उपकरण एवं पुस्तकें उपलब्ध नहीं होतीं, अतः स्थानीय विश्वविद्यालय एवं कनिष्ठ महाविद्यालयों से इनकी व्यवस्था की जानी चाहिए। इस प्रकार उनके उपाधि प्राप्त करने की अवधि कम की जा सकती है।

5. प्रगत स्थानन (Advanced Placement)

इससे तात्पर्य है – माध्यमिक विद्यालय कक्षा के विद्यार्थी को महाविद्यालय स्तर का कार्य प्रदान करना। तथा उन्हें साख प्रदान करना, यदि उसने सफलतापूर्वक प्रवेश परीक्षा पास कर ली हो। इस प्रकार वे सामान्य उम्र तक महाविद्यालय में प्रवेश नहीं लेते हैं, उन्हें कुछ प्रथम वर्ष के पाठ्यक्रम से छूट प्राप्त हो जाती है, और वे उपाधि शीघ्र प्राप्त कर लेते हैं।

सुस्समन (1974) ने बताया कि उक्त पदों में से दो या अधिक का योग कर उपयोग किया जा सकता है–

I. त्वरण

1. जल्दी प्रवेश द्वारा
2. ग्रेड छोड़ना (Skipping)
3. ग्रेड अंतर्विध्दीरण (Telescoping)
4. सतत प्रगति गैर-श्रेणीयन
5. माध्यमिक शाला में अतिरिक्त पाठ्यक्रम और विश्वविद्यालय में जल्दी प्रवेश
6. प्रगत स्थानन

II. पृथक्करण

1. अलग विद्यालयों में, पूर्ण समय
2. योग्यतानुसार समूहन, विभेदीकृत अनुदेशन
3. बहुपाठ्यचर्या द्वारा विशिष्टीकरण, ऐच्छिक
4. विन्यास
5. विशेष कक्षा, अंशकालीन कक्षा, एक अथवा दो विद्यालयों में सेवाएँ देना।
6. ग्रीष्म अथवा शनिवारीय विद्यालय और अन्य पाठ्यचर्या रुचि समूह

III. संवर्धन

1. व्यक्तिगत अध्ययन, कक्षा में लघु समूह कार्य
2. ग्रंथालय अथवा स्रोत कक्ष परियोजनाएँ
3. सामुदायिक स्रोतों का उपयोग

8

प्रतिभाशालियों की शिक्षा के लिए प्रतिमान
(Models of Education for Gifted)

प्रतिभाशालियों की शिक्षा के निम्न प्रतिमान हैं:

1. स्वायत्त अधिगमक प्रतिमान।
2. संपूर्ण विद्यालय समृध्दि प्रतिमान।
3. एकीकरणात्मक प्रतिमान।
4. विभेदित प्रतिभाशालिता गुणत्व प्रतिमान।
5. ब्लूम का प्रतिमान।
6. मेकर का प्रतिमान।

इनका क्रमशः वर्णन यहाँ किया गया है:

1. प्रतिभाशालियों के लिए स्वायत्त अधिगमक प्रतिमान (Autonomous Learner Model for Gifted)

प्रतिभाशालियों की शिक्षा के लिए स्वायत्त अधिगमक प्रतिमान का प्रतिपादन बेट्स ने किया था। प्रस्तुत प्रतिमान का विकास माध्यमिक विद्यालय के प्रतिभाशाली एवं गुणी विद्यार्थियों की संज्ञानात्मक, संवेगात्मक एवं सामाजिक आवश्यकताओं की पूर्ति के लिए किया गया था। बाद में छः वर्षों के कार्यक्रम विकास, क्रियान्वयन और मूल्यांकन के पश्चात् इसका प्रयोग कनाडा एवं अमेरिका में किया गया।

स्वायत्त अधिगमक प्रतिमान के बुनियादी सिद्धांत (Basic Principles of Autonomous Learner Model)

प्रस्तुत प्रतिमान के अग्र सिद्धांत हैं:

संपूर्ण व्यक्ति का एकीकरण

बेट्स ने बताया कि स्वायत्त अधिगमक प्रतिमान का मुख्य लक्ष्य उन व्यक्तियों को आत्मनिर्भर, स्वनिर्देशित अधिगमक बनाने के लिए प्रोत्साहित करना है, जो कि संज्ञानात्मक, संवेगात्मक एवं सामाजिक पक्ष में योग्यताएँ, सकारात्मक अभिवृत्ति रखते हैं।

आत्म-सम्मान (Self Esteem)

खुशी एवं सफलता का मुख्य निर्धारक सकारात्मक आत्म-सम्मान का विकास करना है। जिस प्रकार से व्यक्ति आत्म का प्रत्यक्षण करता है तथा इसके प्रति वह अनुभूति रखता है, इससे उसके व्यवहार की प्रभाविता की भविष्यवाणी की जा सकती है।

जितना सकारात्मक मैं अपने प्रति रहूँगा, उतना ही मैं अपने सहपाठियों, अध्यापकों, अभिभावकों एवं अन्य लोगों एवं संसार, जिसमें मैं रहता हूँ के प्रति रहूँगा।

सामाजिक कौशल (Social Skill)

कुछ असाधारण बुद्धि वाले व्यक्ति अन्य लोगों से कैसे अंतर्क्रिया एवं प्रभावी सम्प्रेषण करते हैं? माता-पिता एवं अध्यापक उन्हें प्रभावी अंतर्क्रिया करने के लिए कैसे सहायता कर सकते हैं, इत्यादि सामाजिक कौशलों की चर्चा स्वायत्त अधिगमक प्रतिमान में अध्यापक द्वारा की जाती है और प्रदर्शन, भूमिका निर्वाह किया जाता है तथा पुनर्बलित किया जाता है। सफलता का मुख्य कारक प्रभावी रूप से सम्प्रेषण की योग्यता होती है।

विद्यार्थी आधारित विषयवस्तु (Student Based Content)

आज के विद्यालयों में ज़्यादातर विषयवस्तु पूर्व निर्धारित रहती हैं। विद्यालय के बाहर के लोग यह तय करते हैं कि विद्यार्थी को कब एवं क्या पढ़ाया जाए? यह सामान्य विद्यार्थियों की शिक्षा के लिए भले ही उचित हो सकता है, किन्तु प्रतिभाशाली विद्यार्थियों की शिक्षा के मामले में विद्यार्थी आधारित विषयवस्तु ही होना चाहिए।

टोरेन्स (1981) ने यह बताया कि प्रतिभाशाली विद्यार्थियों में रुचियाँ एवं अभिरुचियाँ नहीं होती, अपितु उनमें धैर्य (passions) होता है। वे वस्तुओं, प्रकरणों एवं विचारों के प्यार में गिरफ्तार हो जाते हैं, यही उनकी विषयवस्तु का आधार

होता है। वास्तविक अभिप्रेरणा तब मिलती है, जो आप जानना चाहते हैं। वही आप जानें/पढ़ें। कुछ विद्यार्थियों ने 5 वर्ष की उम्र में अपने धैर्य का पता लगा लिया था।

अतः प्रतिभाशाली विद्यार्थियों के लिए पाठ्यचर्या निर्माण करने वाले शिक्षा प्रशासकों का यह उत्तरदायित्व होता है कि वे उनके धैर्यो (Passions), अर्थात् वे क्या पढ़ना चाहते है? इसका पता लगाएं।

मुक्त अधिगम अनुभव (Open Learnig Experience)

प्रतिभाशाली विद्यार्थियों को मुक्त विद्यालयीन अनुभवों की आवश्यकता होती है। उन्हें क्या सीखना है? इसे शिक्षा प्रशासकों को तय नहीं करना चाहिए। सत्य अधिगम इस पर आधारित होता है कि विषयवस्तु की खोज कर इसे नए उत्पाद में विकसित किया जाए, जो कि विद्यार्थी द्वारा निर्मित हो।

जीवन पर्यन्त अधिगमक (Lifelong Learner)

स्वायत्त अधिगमक प्रतिमान का मुख्य लक्ष्य बालकों एवं युवा का विकास स्वायत्त अधिगमक के रूप में करना है, जिनमें जीवनपर्यन्त सीखने के कौशल, संकल्पनाएँ एवं अभिवृत्तियाँ हो। वे अपने आप के लिए उत्तरदायी हों और वे यह तय करें कि उन्हें क्या सीखना है तथा कैसे सीखना है?

अध्यापक सहज बनाने वाले के रूप में (Teacher as Facilitator)

अध्यापक की भूमिका विद्यार्थी को जीवनपर्यन्त अधिगमक बनाने में सहजता लाने की होती है। अध्यापक अधिगम को सहज बनाने का कौशल विकसित करता है। अधिगम प्रक्रिया के साथ-साथ विषयवस्तु पर बल प्रदान किया जाता है। अध्यापक विद्यार्थी को यह नहीं बताते हैं कि क्या सीखना है एवं कैसे सीखना है? बल्कि वह उन्हें ज़्यादा से ज़्यादा आत्मनिर्भर एवं स्व-निर्देशित बनाने का प्रयास करता है। जैसे-जैसे समय बीतता जाता है विद्यार्थी अधिक कौशल अर्जित करते हैं एवं अपने स्वयं के अधिगम के लिए अधिक उत्तरदायी हो जाते हैं। संगोष्ठी एवं गहराई से अध्ययन के द्वारा वे आत्मनिर्भर होते जाते हैं। वे स्वयं यह तय करते हैं कि क्या सीखना है एवं कैसे सीखना है?

समय एवं स्थान रोक (Time and Space Restriction)

स्वायत्त अधिगमक प्रतिमान में विद्यार्थी विद्यालय समय के अलावा घण्टों एवं दिनों अपनी उपयुक्त अध्ययन गतिविधियाँ करता रहता है।

स्वायत्त अधिगमक प्रतिमान के मुख्य लक्ष्य (Basic Goals of ALM)

बेट्स ने स्वायत्त अधिगमक प्रतिमान के आठ लक्ष्य बताये हैं:

1. अधिक सकारात्मक आत्म संकल्पनाएँ विकसित करना।
2. स्वयं की प्रतिभा सम्पन्नता को आत्म एवं समाज के संदर्भ में समझना।
3. अपने सहपाठियों, सहोदरों, अभिभावकों एवं अन्य प्रौढ़ों से प्रभावी अंतर्क्रिया करने के लिए उपयुक्त कौशलों का विकास करना।
4. विविध विषयों के क्षेत्रों में ज्ञान की वृद्धि करना।
5. चिंतन, निर्णय लेने और समस्या समाधान कौशलों का विकास करना।
6. ऐसी गतिविधियों में सहभागिता करना, जो उनकी संज्ञानात्मक, संवेगात्मक एवं सामाजिक विकास को सहज बनाए, एवं उनका एकीकरण करे।
7. अपने स्वयं के सीखने के उत्तरदायित्व का प्रदर्शन करना।
8. अन्ततोगत्वा उत्तरदायी, सृजनशील एवं स्वतंत्र अधिगमक बनना।

स्वायत्त अधिगमक प्रतिमान का वर्णन (Autonomous Learner Model's Description)

स्वायत्त अधिगमक प्रतिमान में मुख्य रूप से पाँच विमाएँ होती है। इनका निर्माण प्रतिभाशाली विद्यार्थियों को उपयुक्त अधिगम अनुभव जो कि उनकी स्वायत्त अधिगमक के रूप में वृद्धि के लिए आवश्यक है, प्रदान करने के लिए किया गया है। प्रत्येक विमा में रूपरेखा सूचना, अनुभव, अभिवृत्तियाँ, कौशल और संकल्पनाएँ शामिल रहती हैं, जो कि विद्यार्थियों, अध्यापकों एवं अभिभावकों की अभिवृद्धि के लिए आवश्यक होती हैं। इन विमाओं के नाम निम्नानुसार हैं:

1. उन्मुखीकरण विमा;
2. व्यक्तिगत विकास विमा;
3. समृद्धि गतिविधि विमा;
4. संगोष्ठी विमा; और
5. गहराई से अध्ययन।

1. उन्मुखीकरण विमा (Orientaion Dimension)

यह प्रतिमान की बुनियादी विमा है, जो कि प्रतिभाशालियों के कार्यक्रम में शामिल होने के लिए आवश्यक है। इसमें बुनियादी प्रश्न जैसे प्रतिभाशाली होने का क्या अर्थ है? मेरा इस कार्यक्रम के लिए चयन क्यों हुआ? क्या अब मेरा जीवन अलग होगा? इत्यादि की चर्चा की जाती है।

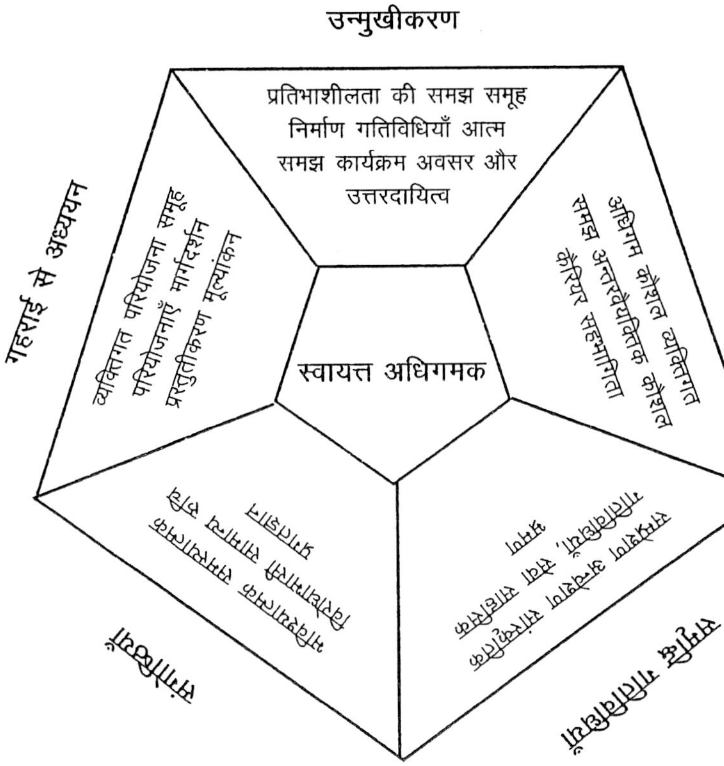

चित्र 8.1: स्वायत्त अधिगमक प्रतिमान

यह विमा चार क्षेत्रों में वर्गीकृत की जाती है–

– प्रतिभाशालिता की समझ।
– समूह निर्माण गतिविधियाँ।
– आत्म समझ।
– कार्यक्रम अवसर एवं उत्तरदायित्व।

प्रतिभाशालिता की समझ (Understanding Giftedness)

प्रसिद्ध प्रतिभाशाली व्यक्तियों की आत्मकथाओं एवं जीवनवृत्तान्तों के द्वारा वे प्रतिभाशालिता की समझ विकसित करते है। विद्यार्थी अपनी पसंद के प्रतिभाशाली व्यक्ति पर शोध कर उसे अच्छी तरह समझने का प्रयास करते हैं। यदि व्यक्ति जीवित होता है, तब वे उससे प्रत्यक्ष रूप से सम्प्रेषण करते हैं। जीवनवत्तान्त की

अंतिम गतिविधि उत्कृष्टता की रात कहलाती है। इसके अंतर्गत विद्यार्थी चयनित विद्यालय प्रशासकों तथा अतिथियों को बुलाकर प्रत्येक प्रसिद्ध व्यक्ति से मिलते हैं।

समूह निर्माण गतिविधियाँ

समूह निर्माण का क्या तात्पर्य है? समूह के विभिन्न व्यक्तियों की क्या भूमिकाएँ हैं? लोग समूह में प्रभावी रूप से कैसे कार्य करना सीखते हैं? क्या समूह के सदस्यों के रूप में साथ में कार्य करना आवश्यक है? इनकी चर्चा यहाँ पर की जाती है।

विद्यार्थियों को समूह के सदस्य के रूप में कार्य करने के लिए गतिविधियाँ दी जाती हैं, ताकि वे समूह में प्रभावी रूप से कार्य कर सकें। उदाहरणार्थ विद्यार्थी एक सप्ताह के लिए विद्यालय से दूर निर्जन स्थान पर जाते हैं। इसका संगठन एवं क्रियान्वयन विद्यार्थियों के स्वयं के द्वारा किया जाता है।

आत्म.समझ (Self-Understanding)

जब विद्यार्थियों को प्रतिभाशालियों के कार्यक्रम के लिए चुन लिया जाता है, तब ज़्यादातर को यह पता नहीं होता कि उनका चुनाव किसलिए किया गया है। तब वे पहचान प्रक्रिया पर चर्चा कर समय बिताते हैं। हम उनके बारे में परीक्षण फ़लांकों, अध्यापक एवं माता-पिता की अनुशंसाओं, साक्षात्कारों एवं अंतिम चयनों से क्या जानते हैं? तब यह सूचना उन विद्यार्थियों को प्रदान की जाती है तथा उसकी समीक्षा भी विद्यार्थियों द्वारा की जाती है ताकि, उनमें उनके स्वयं के बारे में समझ विकसित हो सके।

कार्यक्रम अवसर एवं उत्तरदायित्व (Programme Opportunities and Responsibilities)

विद्यार्थियों एवं अभिभावकों, दोनों के लिए प्रतिमान के अवसर एवं उत्तरदायित्वों को समझना आवश्यक है। इसमें अभिभावकों के लिए सेवारत प्रतिमान विकसित करने पर बल दिया जाता है, ताकि विद्यार्थी यह सम्प्रेषित कर सकें कि उन्होंने क्या पूर्ण कर लिया है तथा वे भविष्य में क्या पूर्ण करेंगें।

2. व्यक्तिगत विकास विमा ***(Individual Development Dimension)***

विद्यार्थी अपने एवं अध्यापकों द्वारा अभिकल्पित गतिविधियाँ करते हैं ताकि जीवनपर्यन्त अधिगम के लिए आवश्यक कौशल, संकल्पनाएँ एवं अभिवृत्तियों का विकास हो सके। विद्यार्थियों द्वारा संकल्पनाओं, कौशलों एवं अभिवृत्तियों के चयन के पश्चात् इनके लिए अध्यापक एवं विद्यार्थी पाठ्यचर्या का चुनाव करते है।

प्रस्तुत विमा के चार घटक हैं: अधिगम कौशल, व्यक्तिगत समझ, अन्तरवैयक्तिक कौशल, एवं कैरियर सहभागिता।

इनका वर्णन यहां किया गया है:

अधिगम कौशल (Learning Skills)

सृजनात्मकता, चिन्तन कौशल एवं संगठनात्मक कौशल एवं शोध कौशल इत्यादि संज्ञानात्मक कौशल स्वायत्त अधिगमक के लिए आवश्यक होते हैं।

व्यक्तिगत समझ (Personal Understanding)

ऐसे कौशलों के विकसित हो जाने के पश्चात् उनमें अपने बारे में सकारात्मक अभिवृत्तियाँ विकसित करने के लिए अनेक प्रकार की गतिविधियाँ आयोजित की जाती हैं।

अन्तरवैयक्तिक कौशल (Interpersonal Skills)

ऐसे कई प्रतिभाशाली विद्यार्थी होते है, जिनमें अन्तरवैयक्तिक कौशलों के विकास की आवश्यकता होती है। इनमें सहपाठियों, अध्यापकों एवं अभिभावकों से प्रभावी रूप से सम्प्रेषण करने की योग्यता शामिल होती है। इनके साथ.साथ उन्हें चर्चा कौशल एवं समूह प्रक्रिया कौशल भी सिखाये जाते हैं।

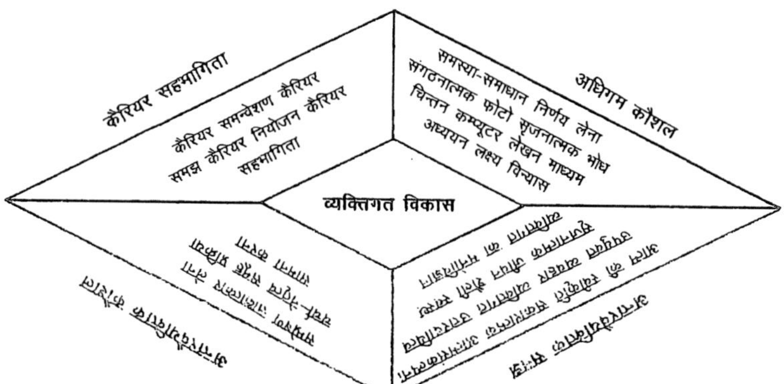

चित्र 8.2: व्यक्तिगत विकास विमा

कैरियर सहभागिता (Career Involvement)

प्रतिभाशाली विद्यार्थी अपने भविष्य के प्रति सतर्क रहते हैं। इस सोपान के द्वारा उन्हें अपना कैरियर चुनने के लिए विभिन्न अवसरों का पता लगाने एवं तद्नुसार उनमें आवश्यक कौशलों के विकास का प्रशिक्षण भी दिया जाता है।

3. समृद्धि गतिविधि विमा (Enrichment Activities Dimension)

समृद्धि गतिविधि द्वारा प्रतिभाशाली विद्यार्थियों को अपने समुदाय एवं संसार के बारे में अधिक सीखने को मिलता है। इस विमा के अंतर्गत उन्हें विद्यार्थी आधारित विषयवस्तु प्रदान की जाती है। उन्हें यह अवसर प्रदान किया जाता है कि वे यह निर्णय लें कि कौन से प्रकरण उन्हें पढ़ने हैं तथा उन्हें कैसे पढ़ना है। स्वायत्त अधिगमक प्रतिमान विद्यार्थियों को वह पढ़ने का अवसर प्रदान करता है, जो उनके लिए अर्थपूर्ण हो।

4. संगोष्ठी विमा (Seminar Dimension)

प्रस्तुत विमा में विचारों एवं प्रकरणों के उत्पादन पर जोर दिया जाता है। इस विमा में विद्यार्थियों को स्वतंत्र अधिगमक माना जाता है। अधिगमकों पर अधिक उत्तरदायित्व सौंपा जाता है। इसके साथ-साथ उनके लिए अधिक आजादी एवं अवसर उपलब्ध रहते हैं। कुछ विद्यार्थी स्वतंत्र रूप से कार्य करते हैं, जबकि कुछ को अतिरिक्त निर्देशन एवं समझ की आवश्यकता होती है। अधिगमकों को प्रोत्साहित तो करना चाहिए, किंतु उन्हें धक्का नहीं लगाना चाहिए।

तीन से पाँच के छोटे समूहों में वे अपनी पसंद के प्रकरण का चुनाव करते हैं। प्रकरण निम्न क्षेत्रों में वर्गीकृत किए जाते हैं – भविष्यात्मक, समस्यात्मक, विरोधाभासी, सामान्य रुचि और प्रगत ज्ञान।

5. गहराई से अध्ययन (In-Depth Study)

प्रत्येक अधिगमक का मुख्य लक्ष्य स्वायत्त अधिगम की प्राप्ति होता है। गहराई से अध्ययन के अंतर्गत अधिगमक की इसमें सहभागिता प्राप्त की जाती है। अधिगमक स्वतंत्र रूप में अथवा 3–5 के समूह में गहराई से अध्ययन करते हैं। यह विमा प्रतिमान की सबसे ज्यादा चुनौतीपूर्ण होती है।

2. संपूर्ण विद्यालय समृद्धि प्रतिमानः सृजनात्मक उत्पादकता के विकास के लिए एक व्यापक योजना (The Schoolwide Enrichment Model: A Comprehensive Plan for the Development of Creative Productivity)

प्रस्तुत प्रतिमान के प्रवर्तक रेन्जुल्ली एवं रेस (1985) हैं। यह पूर्व के दो प्रतिमानों जो कि उच्च सामर्थ्य युवा की पहचान एवं युवाओं में प्रतिभाशाली व्यवहार एवं सृजनात्मकता के विकास के उन्नयन के लिए विकसित किए गए प्रतिमानों का संयोजन हैं संवर्धन त्रिक प्रतिमान (रेन्जुल्ली 1977) में कई वर्षों तक शोध के कारण संशोधन किए गए एवं कालांतर में घूमता द्वार प्रतिमान (model) विकसित हुआ। (रेन्जुल्ली एवं स्मिथ 1981)

प्रस्तुत प्रतिमान का दृश्यिक प्रतिनिधित्व चित्र 8.3 में दिया गया हैं।

प्रतिमान के लक्ष्य निम्न हैं:

1. युवाओं में प्रगत स्तरीय अधिगम एवं सृजनात्मक उत्पादकता का उन्नयन करना।
2. नियमित विद्यालय पाठ्यचर्या का एकीकरण विशिष्ट कार्यक्रम सेवाओं से करना।
3. विशिष्टवाद एवं विद्यार्थियों के प्रति नकारात्मक अभिवृत्ति का न्यूनीकरण।
4. सभी विद्यार्थियों के लिए समृद्धि की सीमा एवं गुणवत्ता में सुधार करना तथा उत्कृष्टता का विकिरण का उन्नयन करना। (वार्ड 1965)

संपूर्ण विद्यालय समृद्धि प्रतिमान पहचान पद्धति (The Schoolwide Enrichment Model Identification System)

प्रस्तुत पद्धति का केन्द्र बिन्दु विद्यार्थियों के गुणों का सेतु है जो कि विविध पूरक सेवाओं के लिए मुख्य लक्ष्य समूह के रूप में कार्य करता है। इसके निम्न तीन लक्ष्य हैं:

1. गुणी एवं अन्य विद्यार्थियों में सृजनात्मकता और/अथवा कार्य वचनबद्धता विकसित करना।
2. अधिगम अनुभवों एवं समर्थन पद्धतियों, जो सृजनात्मकता एवं कार्य वचनबद्धता एवं औसत से उच्च योग्यता की अन्तर्क्रिया को प्रोन्नत करती है, का उन्नयन करना।
3. प्रतिभाशाली व्यवहारों के विकास एवं अनुप्रयोग के लिए अवसर स्रोत एवं प्रोत्साहन प्रदान करना।

गुणी सेतु का आकार उपलब्ध स्रोत व्यक्तियों एवं किस सीमा तक उपलब्ध संकाय तत्परता दिखाता है, पर निर्भर होता है।

(1) औसत से ऊपर योग्यता के विद्यार्थियों के लिए पाठ्यचर्या एवं कक्षा में संशोधन करता है। (2) विभिन्न प्रकार की समृद्धि एवं परामर्शदाता की सेवाएँ प्रदान करता है। चूंकि अध्यापक द्वारा मनोनयन पहचान पद्धति में एक महत्त्वपूर्ण भूमिका निभाता है। कार्यक्रम की सफलता इस बात पर निर्भर होगी कि अध्यापकों ने किस सीमा तक उन्मुखीकरण एवं प्रशिक्षण प्राप्त किया है। रेन्जुल्ली एवं रेस (1985) ने श्रेष्ठ विद्यार्थियों की व्यावहारिक विशेषताओं में अध्यापकों को प्रशिक्षित किए जाने की अनुशंसा की है उपयोग की जाने वाली पहचान पद्धति उन कार्यक्रमों पर आधारित होती है। जिनमें समृद्धि एवं त्वरण दोनों को शामिल किया जाता है। अनुशंसा की जाती है कि पाठ्यचर्या संघनन (रेन्जुल्ली एवं अन्य 1981) गुणी सेतु विद्यार्थियों की सेवाओं का एक अंश होना चाहिए।

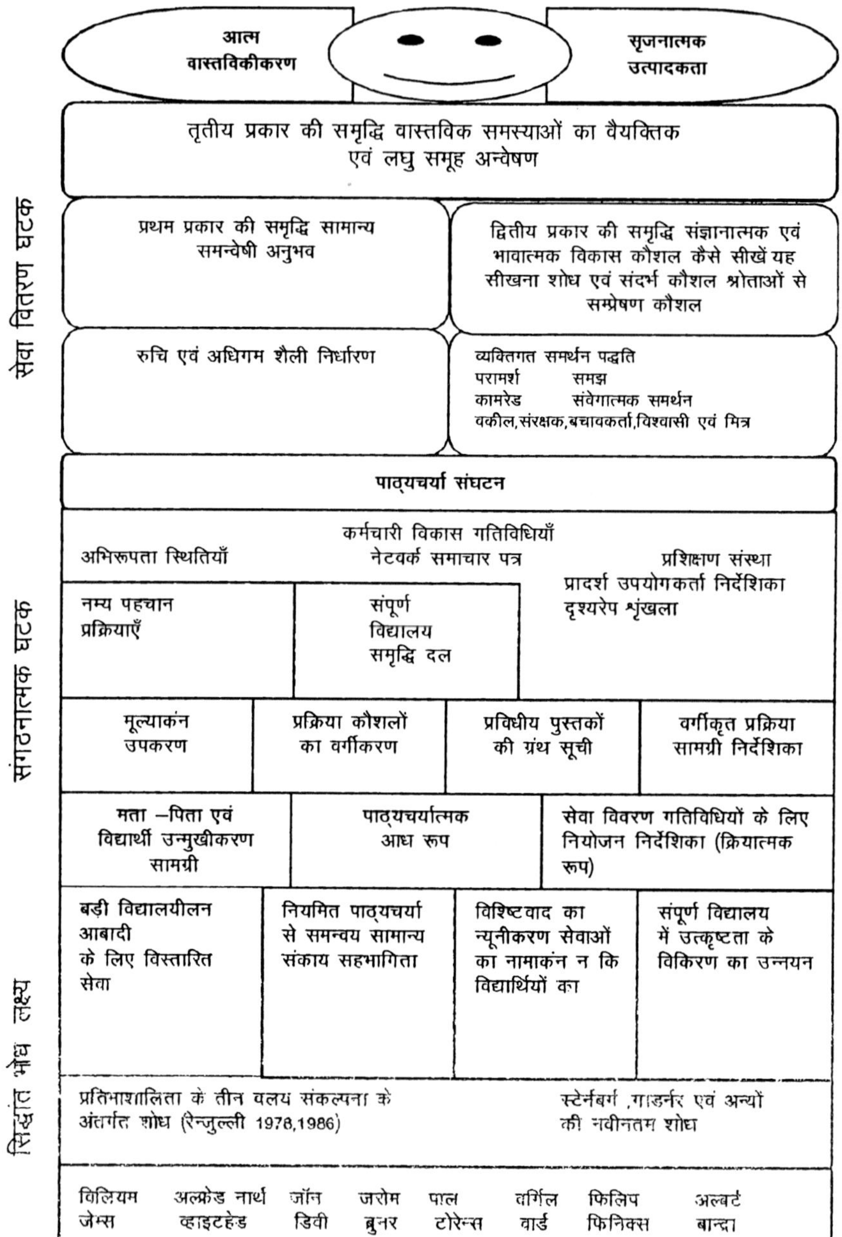

चित्र 8.3: संपूर्ण विद्यालय समृद्धि प्रतिमान दृश्यिक

उदाहरणार्थ प्रदर्शन के प्रयोजन के लिए 15 प्रतिशत गुणी सेतु का चयन किया जाता है।

सोपान 1 परीक्षण फलांक मनोनयन

यदि हम परीक्षण फलांकों का उपयोग 15 प्रतिशत गुणी सेतु की पहचान के लिए कर रहे हों तब हमारा कार्य आसान हो जाता है। किसी भी विद्यार्थी जिसमें 85 प्रतिशतांक (स्थानीय मानकों का उपयोग करते हुए) से अधिक फलांक प्राप्त किए है, वह प्रत्याशी होगा। प्रस्तुत पहचान पद्धति में कुछ कक्ष गुणी सेतु में ऐसे विद्यार्थियों के लिए रखे जाते हैं जिनकी सामर्थ्य मानकीकृत परीक्षणों पर प्रदर्शित नहीं होती है। हम 92 प्रतिशतांक (percentile) के विद्यार्थियों का चयन कर लेते हैं। यह उपागम इस बात की गारन्टी देता है कि परंपरागत रूप से तीव्र बुद्धि वाले विद्यार्थियों का चयन स्वतः हो जाएगा। तथा यह गुणी सेतु का 50 प्रतिशत स्थान घेरेगा। इनके चयन हेतु बुद्धि, उपलब्धि अथवा अभिक्षमता के मानकीकृत परीक्षण का उपयोग किया जा सकता है। हालांकि ऐसी अनुशंसा की जाती है कि गुणी सेतु के लिए विद्यार्थियों के चयन के लिए किसी एक परीक्षण का उपयोग किया जा सकता है।

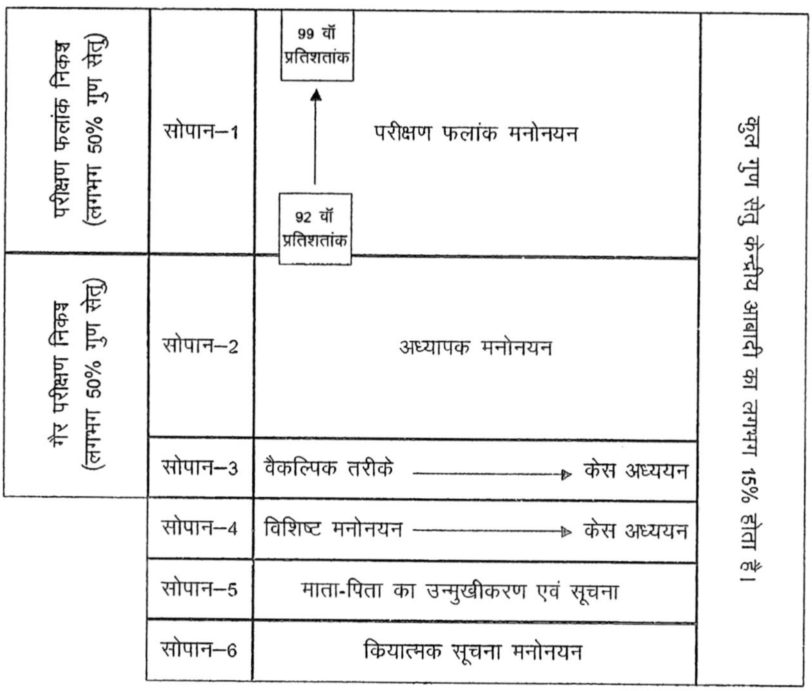

चित्र 8.4: रेन्जुल्ली की पहचान पद्धति

सोपान 2: अध्यापक मनोनयन (Teacher Nomination)

अध्यापकों को यह सूचना देनी चाहिए कि हमने विद्यार्थियों का चयन प्रवेश परीक्षण के आधार पर किया है, अतः जिन विद्यार्थियों का चयन हो गया है, उनके लिए वे कार्य न करें। दूसरे चरण के अंतर्गत अध्यापकों को ऐसे विद्यार्थियों को नामांकित करने के लिए कहा जाता है जो ऐसी विशेषताएँ प्रदर्शित करते हों, जिनका परीक्षण मानकीकृत परीक्षण द्वारा न हुआ हो। जैसे सृजनात्मकता का उच्च स्तर अथवा कार्य वचनबद्धता, अस्वाभाविक रुचियाँ अथवा गुण (Talent) अथवा श्रेष्ठ निष्पादन का विशिष्ट क्षेत्र, अध्यापक द्वारा नामांकित विद्यार्थियों को फलांक द्वारा चयनित विद्यार्थियों के समान माना जाता है।

अध्यापक मनोनयन प्रपत्र एवं निर्धारण मापनियों (रेन्जुल्ली, स्मिथ, कल्लाहन, व्हाइट एवं हार्टमैन 1976) का उपयोग इस प्रक्रिया के लिए किया जाता है। निर्धारण मापनियों का उपयोग प्रत्येक नामांकित छात्र के संक्षेप प्रोफाइल प्रदान करने के लिए किया जाता है। यदि कोई अध्यापक बहुत बड़ी संख्या में विद्यार्थियों का नामांकन करते हैं, तब उसे उन विद्यार्थियों का कोटिक्रम निकालने को कहा जाता है जिसका परीक्षण संपूर्ण विद्यालय समिति करती है।

सोपान 3: वैकल्पिक तरीके (Alternative Pathway)

वैकल्पिक तरीकों के अंतर्गत माता-पिता नामांकन, सहपाठी नामांकन, सृजनात्मकता के परीक्षण, स्व नामांकन, उत्पाद मूल्यांकन इत्यादि आते हैं। जिन विद्यार्थियों का नामांकन एक अथवा ज्यादा तरीकों से होता है, इनकी समीक्षा एक छात्र समिति द्वारा की जाती हैं। तत्पश्चात् चयन का निर्णय लिया जाता है। छात्र समिति केस अध्ययन करती है, जिसमें छात्र के पूर्व की समस्त परीक्षाओं के अभिलेख एवं विद्यार्थी, अध्यापकों एवं माता.पिता से साक्षात्कार शामिल रहते हैं।

सोपान 4: विशिष्ट मनोनयन (Special Nominations)

(सुरक्षा वाल्व क्रम 1 (Safety Valve No. 1)

प्रस्तुत पहचान प्रक्रिया में विशिष्ट नामांकन प्रथम एवं द्वितीय सुरक्षा वाल्व का प्रतिनिधित्व करते हैं। प्रस्तुत प्रक्रिया के अंतर्गत सोपान 1 से 3 तक के द्वारा नामांकित विद्यार्थियों की सूची विद्यालय एवं पूर्व के विद्यालय के संपूर्ण अध्यापकों को दी जाती है। पूर्व के विद्यालय के अध्यापक अतिरिक्त विद्यार्थियों का नामांकन

करते हैं। यह स्रोत अध्यापकों को अपने अनुभवों के आधार पर जो विद्यार्थी पूर्व में ही गुण सेतु में है अथवा नियमित कक्षा में समृद्धि अनुभवों के दौरान जो विद्यार्थी उसके संपर्क में आए, के बारे में अनुशंसा करने की अनुमति देती है। प्रस्तुत गतिविधि के द्वारा विद्यालय के संपूर्ण विद्यार्थियों के बारे में अंतिम समीक्षा का अवसर मिलता है। यदि वर्तमान अध्यापक किसी विद्यार्थी की योग्यताओं, शैली तथा व्यक्तित्व की प्रशंसा न कर रहे हों, तब इस सोपान के द्वारा उसकी भी समीक्षा की जाती है। इस सोपान के द्वारा ऐसे विद्यार्थियों का चयन भी किया जाता है जिन्होंने व्यक्तिगत अथवा पारिवारिक कारणों से अल्प उपलब्धि अर्जित की हो।

सोपान 5: माता पिता का उन्मुखीकरण एवं सूचना (Notification and Orientation of Parents)

गुण सेतु के लिए चुने गए सभी विद्यार्थियों के माता.पिता को एक सूचना एवं कार्यक्रम का व्यापक वर्णन भेजा जाता है। इसमें यह नहीं बताया जाता है कि उनका पुत्र/पुत्री प्रतिभाशाली है, किंतु पत्र में कार्यक्रम की प्रकृति बताई जाती है एवं उन्हें उन्मुखीकरण बैठक में भाग लेने के लिए आमंत्रित किया जाता है। इस बैठक में प्रतिभाशालिता के रेन्जुल्ली के त्रिवलय (Threering) की संकल्पना की व्याख्या की जाती है। साथ ही कार्यक्रम की नीति, प्रक्रियाएँ एवं गतिविधियों से उन्हें अवगत कराया जाता है। उन्हें गुण सेतु में चयन का निकष भी बताया जाता है। उन्हें यह भी बताया जाता है कि यदि वे कार्यक्रम या उनके बच्चे के बारे में अतिरिक्त सूचनाएँ प्राप्त करना चाहते हैं, तब वे पूर्व में अनुमति प्राप्त कर आ सकते हैं। इसी प्रकार का उन्मुखीकरण सत्र गुण सेतु में चयनित विद्यार्थियों के लिए भी किया जाता है। उन्हें यह नहीं बताया जाता है कि वे प्रतिभाशाली हैं।

सोपान 6: क्रियात्मक सूचना मनोनयन (Action Information Nominations)

सुरक्षा वाल्व क्रम 2

हमारे सर्वश्रेष्ठ प्रयासों के बावजूद प्रस्तुत पद्धति ऐसे विद्यार्थियों को अनदेखा कर देती है जिन्हें एक अथवा दूसरे कारण से गुण सेतु के लिए चयनित नहीं किया जा सके। इस समस्या को ऐसे विद्यार्थियों की पहचान के लिए जिनकी नियमित पाठ्यचर्या में उच्च्य रुचि हो, के बारे में उन्मुख किया जाता है। इस प्रक्रिया को अध्यापक प्रशिक्षण गतिविधि एवं एक उपकरण जिसे क्रियात्मक सूचना संदेश कहते हैं, के द्वारा आगे बढ़ाया जाता है।

संपूर्ण विद्यालय समृद्धि प्रतिमान की संरचना: संगठनात्मक एवं सेवा वितरण घटक; (Structure of the SEM: Organizational and Service Delivery Components)

संगठनात्मक घटक से तात्पर्य गैर अनुदेशनात्मक गतिविधियों से है। इसके अंतर्गत दल नियोजन, आवश्यकता निर्धारण, कर्मचारी विकास सामग्रियाँ चयन एवं कार्यक्रम नियोजन आते हैं। सेवा वितरण घटक हैं, अनुदेशनात्मक गतिविधियाँ एवं अनेक विविध बातें हैं, जो अध्यापक विद्यार्थियों के साथ मुख्य उद्देश्यों की पूर्ति के लिए करते हैं।

संपूर्ण विद्यालय समृद्धि दल (The Schoolwide Enrichment Team)

समृद्धि दल संकाय सदस्यों एवं माता-पिताओं का एक कार्य समूह होता है, जिन्हें संपूर्ण विद्यालय के समृद्धि कार्यक्रम का उत्तरदायित्व सौंपा जाता है। समृद्धि दल गठित करने के दो कारण होते हैं:

1. पहला इस प्रश्न पत्र का उत्तर प्राप्त करना कि क्या प्रतिभाशालियों के लिए केवल समृद्धि ही अच्छी है?
2. संकाय के सदस्यों की सहभागिता के लिए आवश्यक नियम।

समृद्धि दल में माता-पिता, समुदाय के स्रोत व्यक्ति, प्रशासक, कक्षा अध्यापक, कला संगीत एवं शारीरिक शिक्षा के अनुदेशक तथा ग्रंथपाल इत्यादि शामिल किए जाते हैं। दल की सफलता दल के सदस्यों के मध्य कार्य विभाजन एवं श्रम पर निर्भर होती है।

अन्य संगठनात्मक विशेषताएँ (Other Organizational Features)

क्रियात्मक रूप (Action Forms)

क्रियात्मक रूप का कार्य अभिक्रमित गतिविधियों को उनके घटक अंशों में तोड़ना होता है ताकि श्रम विभाजन एवं समय प्रबंधन उद्देश्यों की पूर्ति हो सके। प्रत्येक सेवा के लिए अनेक क्रियात्मक रूप विकसित किए जाते हैं।

प्रत्येक रूप के कार्यक्रम के दो महत्त्वपूर्ण उद्देश्यों को प्राप्त करना होता है।

1. निश्चित कार्य की पूर्ति के लिए मार्गदर्शिका का कार्य करना।
2. पूर्ण किए गए कार्यक्रम की गतिविधियों का दस्तावेजीकरण करना।

अध्यापक प्रशिक्षण गतिविधियाँ (Teacher Training Activities)

अध्यापक प्रशिक्षण कार्यक्रम में किसी भी क्षेत्र के व्यापक ज्ञान की विषयवस्तु का

प्रशिक्षण दिया जाता है। इसके अंतर्गत त्रिक् घूमता द्वार कार्यक्रम आयोजित किए जाते हैं।

कार्यक्रम मूल्यांकन (Programme Evaluation)

कार्यक्रम मूल्यांकन के अंतर्गत उद्देश्यों की प्राप्ति हुई अथवा नहीं, इसका मूल्यांकन किया जाता है। इसके लिए उपकरण विकसित किए जाते हैं जिनसे कार्यक्रम की प्रभाविता का पता चलता है।

गुणसेतु विद्यार्थियों के लिए सेवाएँ (Service to Talent Pool Students)

विद्यार्थियों की नियमित एवं विशिष्ट कार्यक्रम गतिविधियों में सहभागिता तथा उनकी इसके बारे में प्रतिक्रियाएँ संपूर्ण विद्यालय कार्यक्रम प्रतिमान के द्वितीय स्तर की पहचान का आधार होती हैं।

गुण सेतु के विद्यार्थियों को दो प्रकार की समृद्धि अनुभव नियमित रूप से प्रदान किए जाते हैं। जहाँ संभव होता है, वहाँ एक बार सामान्य शिक्षा आबादी में ये (समृद्धि अनुभव) अथवा इनके समान कार्यक्रम एक बार प्रदान किए जाते हैं। कौन से विद्यार्थी सामान्य शिक्षा कार्यक्रम में सहभागिता करने के अलावा गुणी सेतु के सभी विद्यार्थी दो अतिरिक्त सेवाएँ (1) रुचि एवं अधिगम शैली निर्धारण और (2) पाठ्यचर्या संघनन भी प्राप्त करते हैं।

पाठ्यचर्या संघनन (Curriculum Compacting)

पाठ्यचर्या संघनन का निर्माण औसत से ऊपर के विद्यार्थियों के लिए पाठ्यचर्या के उन अंशों को, जिन्हें विद्यार्थी ने पूर्ण कर लिया है, हटाकर किया जाता है, इसके मुख्यतः निम्न तीन उद्देश्य होते हैं–

1. अधिक चुनौतीपूर्ण अधिगम पर्यावरण का निर्माण करना।
2. बुनियादी पाठ्यचर्या में प्रवीणता की गारन्टी देना।
3. अधिक उपयुक्त संवर्धन और/या त्वरण गतिविधियों के लिए समय प्राप्त करना।

प्रथम प्रकार की समृद्धि (सामान्य समन्वेषी अनुभव) (Type I Enrichment — General Exploratory Experiences)

प्रस्तुत प्रकार की समृद्धि के अंतर्गत गुण सेतु एवं अन्य दोनों ही विद्यार्थियों को नए और उत्तेजक प्रकरण, विचार और ज्ञान के क्षेत्र प्रस्तुत किए जाते हैं। ये अनुभव विविध प्रक्रियाओं जैसे किः अतिथि वक्ता, क्षेत्र, भ्रमण, प्रदर्शन, रुचि कार्नर तथा दृश्य श्रव्य सामग्रियों द्वारा प्रदान किए जाते हैं।

समृद्धि दल में अध्यापकों, माता.पिता एवं प्राचार्य शामिल होते हैं। समृद्धि कार्यक्रम का अध्यापक समन्वयक दल के साथ स्रोत व्यक्ति के रूप में कार्य करता है। तथा गतिविधियों को संचालित करने में सहायता करता है। प्रस्तुत उपागम द्वारा निम्न तीन उद्देश्यों की प्राप्ति होती है–

1. सभी विद्यार्थियों को कुछ न कुछ समृद्धि गतिविधियों में भाग लेने का अवसर प्रदान किया जाता है।
2. यह उपागम इस बात की परवाह नहीं करता है कि प्रतिभाशालियों को कठिन कार्य करने के लिए क्यों दिए जाते हैं।
3. समृद्धि दल नियमित पाठ्यचर्या एवं समृद्धि कार्यक्रम के द्वारा दिए गए अनुभव के मध्य अधिक प्रभावी समन्वय के वाहन के रूप में कार्य करता है।

प्रथम प्रकार की समृद्धि का नियोजन एवं क्रियान्वयन (Planning and Implementing Type I Enrichment)

यह सोपान अनेक क्रियात्मक रूपों द्वारा किया जाता है। (देखिए चित्र 8.5)

द्वितीय प्रकार के समृद्धि समूह का प्रशिक्षण गतिविधियाँ (Training Activities of Enrichment Group Type II)

द्वितीय प्रकार की समृद्धि में अनुदेशनात्मक विधियों एवं सामग्रियाँ शामिल रहती है जो कि चिन्तन एवं अनुभूति प्रक्रियाओं के विकास के लिए निर्मित की जाती हैं।

इसके निम्न चार मुख्य उद्देश्य होते हैं–

1. सृजनात्मक चिंतन और समस्या समाधान में सामान्य कौशलों को विकसित करना और भावात्मक प्रक्रियाएँ जैसे कि समझना, प्रंशसा करना और मूल्यन करना।
2. कौशलों को कैसे सीखें, जैसे नोट लेना, साक्षात्कार लेना, वर्गीकरण, प्रदत्त विश्लेषण, निष्कर्ष निकालना आदि का विकास करना।
3. प्रगत स्तर की संदर्भ सामग्रियाँ जैसे पाठक निर्देशिका, निर्देशिकाएँ, सार इत्यादि के उपयुक्त उपयोग के कौशलों का विकास।
4. लिखित, मौखिक एवं दृश्यिक सम्प्रेषण कौशलों का विकास।

द्वितीय प्रकार की समृद्धि का नियोजन एवं क्रियान्वयन (Planning and Implementing Type II Enrichment)

प्रस्तुत सोपान के लिए वर्गीकरण का संगठन चार मुख्य उद्देश्यों तथा प्रक्रिया प्रशिक्षण के 14 उपवर्गों के आसपास संगठित किया जाता है।

सभी अनुप्रयुक्त की जाँच कीजिए –
सामान्य मेट्रिक्स
ग्रेड स्तर
विषय क्षेत्र ....

वितरण की विधि

1. स्रोत व्यक्ति																			
वक्ता																			
लघु पाठ्यक्रम																			
प्रदर्शन																			
कलात्मक / निष्पादन																			
पेनल चर्चा / वाद विवाद																			
अन्य																			
2. माध्यम																			
फिल्में																			
फिल्म स्ट्रिप्स																			
स्लाइड्स																			
श्रव्य टेप / रेकार्ड्स																			
दृश्य टेप																			
दूरदर्शन कार्यक्रम																			
समाचारपत्र / पत्रिका के लेख																			
अन्य																			
3. अन्य स्रोत																			
रुचि विकास केन्द्र																			
क्षेत्र भ्रमण																			
प्रदर्शन																			
संग्रहालय कार्यकम																			
अधिगम केन्द्र																			
अन्य																			

चित्र 8.5 : प्रकार 1 नियोजन निर्देशिका

द्वितीय प्रकार का वर्गीकरण (Type II Taxonomy)

I. संज्ञानात्मक एवं भावात्मक प्रशिक्षण
   - (अ) सृजनात्मक चिन्तन कौशल,
   - (ब) सृजनात्मक समस्या समाधान एवं निर्णय लेना,
   - (स) आलोचनात्मक एवं तार्किक चिंतन, और
   - (द) भावात्मक कौशल,

II. कौशलों को कैसे सीखें,
   - (अ) श्रवण, निरीक्षण एवं प्रत्यक्षण,
   - (ब) पठन, नोट लेना एवं रेखांकित करना,
   - (स) साक्षात्कार लेना एवं सर्वेक्षण करना, और
   - (द) प्रदत्त विश्लेषण एवं संगठन करना।

III. प्रगत शोध कौशल एवं संदर्भ सामग्रियाँ,
   - (अ) तृतीय प्रकार के अन्वेषणों के लिए तैयारी,
   - (ब) ग्रंथालय कौशल, और
   - (स) सामुदायिक स्रोत।

IV. लिखित, मौखिक एवं दृश्यिक सम्प्रेषण कौशल,
   - (अ) दृश्यिक सम्प्रेषण,
   - (ब) मौखिक सम्प्रेषण, और
   - (स) लिखित कौशल।

प्रत्येक 14 उपवर्ग आगे विशिष्ट कौशलों में वर्गीकृत किए जाते हैं जो कि नियोजन एवं सामग्री की समीक्षा के आधार का कार्य करते हैं।

प्रथम उद्देश्यों से विशिष्ट कौशलः संज्ञानात्मक एवं भावात्मक प्रशिक्षण

(स) आलोचनात्मक एवं तार्किक चिंतन

सशर्त	अनुमान
तर्क	आगमनात्मक तर्क
संदेह	निगमनात्मक तर्क
भ्रांति	आधार वाक्य
संवेगात्मक शब्द	सम्भाव्यता
शब्दों की परिभाषा	दुविधा

सुस्पष्ट
वर्गीकरण
वैधता परीक्षण
विश्वसनीयता परीक्षण
अनुवाद
निर्वचन
बहिर्वेशन
नमूनाकरण
क्रमण
प्रवाह चित्रण
कम्प्यूटर
अभिक्रमण
विरोधाभाष का विश्लेषण
विषयवस्तु
तत्त्व
प्रवृत्तियाँ एवं तरीके
संबंध
संगठनात्मक सिंद्धात
प्रचार एवं पक्षपात
अनुरूपताएँ

वर्गीकरण का मुख्य उद्देश्य समृद्धि सामग्रियों की समीक्षा एवं चयन के लिए निर्देशिका के रूप में कार्य करता है।

तृतीय प्रकार की समृद्धि वास्तविक समस्याओं की व्यक्तिगत एवं लघु समूह खोज

यह प्रस्तुत प्रतिमान द्वारा दिए गए अनुभवों का उच्चतम स्तर होता है। रुचि एवं अधिगम शैलियों के निर्धारण के समय, प्रथम एवं द्वितीय प्रकार की समृद्धि विद्यार्थियों को गुणी सेतु में जाने की गारन्टी देती है। जबकि तृतीय प्रकार की समृद्धि में जाना उनकी रुचियों, अभिप्रेरणा एवं इच्छा पर निर्भर करता है।

दूसरे शब्दों में यह आत्म चयनात्मक एवं ऐच्छिक होता है।

तृतीय प्रकार की समृद्धि के निम्न पाँच उद्देश्य होते हैं–

1. विद्यार्थियों को अवसर प्रदान करना जिनमें वे उनकी रुचियों, ज्ञान, सृजनात्मक विचारों और आत्म चयनित समस्या अथवा अध्ययन क्षेत्र के प्रति वचनबद्धता का उपयोग कर सकें।
2. किन्हीं निश्चित अनुशासनों, अभिव्यक्ति के कलात्मक क्षेत्रों और अन्तर्अनुशासनिक अध्ययनों में प्रयुक्त की जाने वाली प्रविधियों एवं ज्ञान को प्रगत स्तर की समझ को अर्जित करना।
3. प्रमाणिक उत्पादों को विकसित करना, जो कि प्राथमिक विशिष्ट श्रोता में वांछित प्रभाव लाने के लिए निर्देशित किए गए हों।

4. नियोजन, संगठन, स्रोत, उपयोगकरण, समय प्रबंधन, निर्णय लेना एवं आत्म मूल्यांकन के क्षेत्र में स्वनिर्देशित अधिगम कौशलों को विकसित करना।
5. कार्य वचनबद्धता, आत्मविश्वास, सृजनात्मक प्राप्ति की अनुभूति तथा अन्य विद्यार्थियों, अध्यापकों तथा प्रगत रुचि एवं उपलब्धि के समान क्षेत्र की विशेषज्ञता के व्यक्तियों से प्रभावी अंतर्क्रिया करने का विकास करना।

3. एकीकरणात्मक शिक्षा-प्रतिमान (The Integrative Education Model)

क्लार्क (1986) ने प्रस्तुत प्रतिमान का विकास किया उसने इसके विकास में मस्तिष्क के कार्यों पर किए गए शोध परिणामों, भौतिकी में हुए विकास, सामान्य पद्धति सिद्धांत एवं मनोविज्ञान का उपयोग किया। प्रस्तुत प्रतिमान गति में स्तर एवं समूह में परिवर्तन की अनुमति देता है। प्रस्तुत प्रतिमान में विद्यार्थियों की पसंद एवं सहकारिता को प्रोत्साहित किया जाता है। इसके नियमित कक्षा में उपयोग में लाया जा सकता है। क्लार्क ने मस्तिष्क के चार कायों जैसे अन्तर्ज्ञान, अनुभूति शारीरिक समझ और संज्ञान का एकीकरण किया।

प्रस्तुत प्रतिमान के निम्न सात घटक होते हैं:–

1. अनुक्रियात्मक अधिगम वातावरण

(अ) अधिगम अनुभवों के नियोजन कार्यान्वयन से मूल्यांकन। अध्यापक, विद्यार्थी एवं माता-पिता से मूल्यांकन। अध्यापक, विद्यार्थी एवं माता.पिता में परस्पर आदरपूर्ण एवं सहकारी संबंध होना चाहिए।

(ब) अधिकारिक सुविधाएं एवं पूर्ण नम्यता विद्यार्थियों को उपलब्ध कराई जाना चाहिए।

2. आराम एवं तनाव कमी

शोध परिणाम बताते हैं कि व्यक्ति जब तनाव रहित है एवं आराम में रहता है तब वह सर्वाधिक अच्छी तरह सीखता है। इस हेतु कक्षा का वातावरण तनाव रहित होना चाहिए तथा शिथिलीकरण का उपयोग किया जाना चाहिए।

3. संचलन एवं शारीरिक निकूटन

शारीरिक स्पर्श, गंध, स्वाद अधिगम के धारण में सहायता करते हैं यदि बालकों को सीखने के समय घूमने का पर्याप्त स्थान विद्यालय में मिलता है तब वे बेहतर सीखते हैं।

4. भाषा एवं व्यवहार पर अधिकार

अधिकतम अधिगम तभी संभव है जब व्यक्ति एक दूसरे को भली-भांति समझें एवं एक-दूसरे से सम्प्रेषण करें। इसलिए अध्यापक एवं विद्यार्थी तथा विद्यार्थियों एवं विद्यार्थियों में सहयोगी अंतर्क्रिया होनी चाहिए।

5. पसंद एवं प्रत्यक्षणित नियंत्रण

विद्यार्थियों को अपना लक्ष्य स्वयं तय करना चाहिए, तथा अपने निर्णय स्वयं लेने चाहिएं। उन्हें समस्या समाधान के लिए स्थिति का सामना करने की व्यूह रचना के लिए विकल्पों के लिए विचार करना चाहिए और आत्म मूल्यांकन करना चाहिए। इन विशेषकों (Traits) का विकास तभी सम्भव है जबकि उन्हें अध्यापक पसन्द (choice) एवं उत्तरदायित्व की स्वतंत्रता देता है, उसके विचारों में सहगामी बनता है तथा उन्हें क्या आवश्यक है? के लिए मार्गदर्शन देता है।

6. जटिल एवं चुनौतीपूर्ण संज्ञानात्मक गतिविधियाँ

प्रतिभाशाली व्यवहार विकसित करने के लिए जटिल एवं चुनौतीपूर्ण गतिविधियाँ प्रदान की जाना चाहिए। विविधता एवं नवीनता कक्षा की गतिविधियों के अंश होने चाहिए।

7. पहल एवं एकीकरण

समस्या समाधान के लिए पहल करना एक महत्त्वपूर्ण गतिविधि है। उच्च संश्लेषणात्मक कार्य जिसमें अन्तर्ज्ञान शामिल हो विकसित करने के लिए अध्यापन में बहु संवेदी (Multi sensory) बहु अनुशासनिक एवं एकीकरणात्मक अनुभव/गतिविधियों को शामिल किया जाना चाहिए। इस हेतु विद्यार्थियों को कल्पना करने, नाटक करने, भविष्य चिन्तन की व्यूह रचनाएँ, परिकल्पना निर्माण क्षमता का उपयोग करने देना चाहिए।

4. विभेदित प्रतिभाशालिता गुणत्व प्रतिमान (The Differentiated Giftedness Talent Model)

प्रतिभाशालिता क्षमता के अनुरूप है जो कि मानव अभिक्षमता के एक अथवा दो पक्षों में स्पष्ट रूप से औसत से ऊपर है। गुण (Talent) निष्पादन के अनुरूप है जो कि मानव की गतिविधियों के एक अथवा दो क्षेत्रों में स्पष्ट रूप से औसत से ऊपर है।

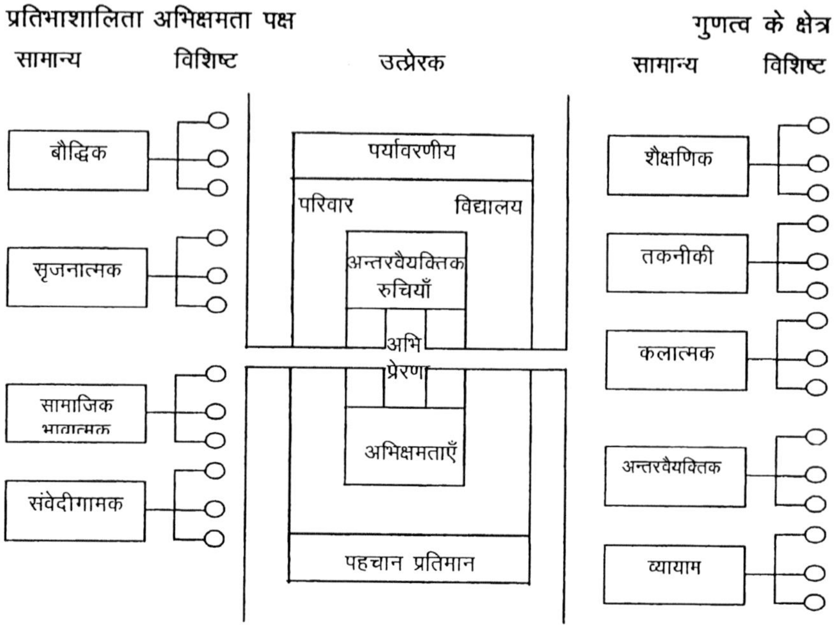

चित्र 8.6: प्रतिभाशालिता गुणत्व विभेदात्मक प्रतिमान

गेने अभिक्षमता (प्रतिभा) को चार वर्षों में विभाजित करते हैं: बौद्धिक, सृजनात्मक, सामाजिक भावात्मक एवं संवेदीगामक तथा गुण को पाँच वर्गों में विभाजित करते हैं, ये है शैक्षणिक, तकनीकी, कलात्मक, अन्तरवैयक्तिक एवं व्यायाम।

जैसा कि चित्र में दर्शाया गया है – गुण अभिक्षमताओं, अन्तरवैयक्तिक और पर्यावरणीय उत्प्रेरकों के मध्य अन्तर्क्रिया के विकासात्मक उत्पाद है।

अभिक्षमता एवं गुण के मध्य अन्तर को निम्न छः बिन्दुओं के आधार पर दर्शाया गया है–

1. व्यक्ति/परिप्रेक्ष्य (Person/Context)

जहाँ अभिक्षमता व्यक्तिगत विशेषताओं अर्थात् बुद्धि, समाजिकता, समानुभूति, शक्ति, दृश्यिक इत्यादि के लिए नामित की जाती है। वहीं गुणिता मानव गतिविधि जैसे गणित, साहित्य, विज्ञान, नाच, तैरना इत्यादि के लिए उपयोग में आती है।

2. विशेषण/परोक्ष (Adverb/Indirect Complement)

अभिक्षमता को विशेषणों द्वारा (जैसे बौद्धिक रूप से, सृजनात्मकता से, सामाजिक रूप से अथवा शारीरिक रूप से प्रतिभाशाली) दर्शाया जाता है। तथा गुणत्व को

परोक्ष रूप से जैसे दृश्यिक कला में गुणी, कम्प्यूटर कार्यक्रम में गुणी, संगीत में गुणी के रूप में दर्शाया जाता है।

3. प्रक्रिया/उत्पाद (Process/Product)

किसी दी गई गतिविधि में, अभिक्षमता प्रक्रिया अथवा किस प्रकार से गतिविधि की गई, को बताती है, जबकि गुणत्व उस गतिविधि के उत्पाद को दर्शाता है।

4. प्रकृति/पोषण (Nature/Nurture)

जहाँ प्रतिभा में व्यक्तिगत विशेषताओं का वर्णन, अभिक्षमता सार्थक आनुवांशिक घटक होती है। यह प्राकृतिक स्फूर्त की ओर इशारा करती है। जबकि दूसरी ओर गुणत्व ज्यादातर पर्यावरण पर इसके विकास के लिए निर्भर करता है। इसका विकास उत्प्रेरकों एवं सुव्यवस्थित प्रशिक्षण पर निर्भर करता है।

5. सामर्थ्य/वास्तविकीकरण (Potential/Actualisation)

अभिक्षमता सामर्थ्य से बनी होती है, जबकि गुणत्व एक अथवा अधिक क्षेत्रों की गतिविधि में इन सामर्थ्यों का वास्तविकीकरण हैं। इससे तात्पर्य है अभिक्षमताएँ केवल दैनिक जीवन में उपयोगी हैं क्योंकि ये किसी एक निश्चित गुण की अभिव्यक्ति होती हैं।

6. परीक्षण/निष्पादन (Testing/Performance)

यद्यपि अभिक्षमता का प्रत्यक्ष निरीक्षण क्रियात्मकता में होता है। इनका मापन मानकीकृत परीक्षण के द्वारा किया जा सकता है।

दूसरी ओर गुणत्व का मापन वास्तविक जीवन संदर्भ में किया जा सकता है तथा इस हेतु वास्तविक गतिविधियों का उपयोग किया जाता है जो कि गुणत्व को परिभाषित करती है। जिस प्रकार बर्फ पर हॉकी खिलाड़ियों के गुणत्व की पहचान की जाती है। तथा संगीतात्मक गुणत्व की पहचान उपकरण के द्वारा की जाती है।

5. ब्लूम का प्रतिमान (Bloom's Model)

ब्लूम (1956) ने शैक्षिक उद्देश्यों के वर्गीकरण का विकास किया। उसने संज्ञानात्मक पक्ष पर परीक्षण के प्रयोजन से अधिगम उद्देश्यों के लिखने एवं वर्गीकरण करने के लिए पदानुक्रम दिया। ज्ञानात्मक क्षेत्र में वे उद्देश्य शामिल किये जाते हैं, जो व्यक्ति के चिन्तन, ज्ञान तथा समस्या समाधान से सम्बन्धित होते हैं। ब्लूम (1956) के अनुसार ज्ञानात्मक क्षेत्र में वे उद्देश्य होते हैं, जो ज्ञान के पुनः स्मरण या पहचान तथा बौद्धिक योग्यताओं व कौशलों के विकास से सम्बन्धित होते हैं।

ब्लूम के ज्ञानात्मक क्षेत्र के वर्ग एवं सम्बद्ध कार्य क्रियाएँ निम्नलिखित हैं--

ब्लूम: उद्देश्य वर्गीकरण के मुख्य वर्ग

वर्ग (Categories)	सम्बद्ध कार्य क्रियाएं (Associated Action Verbs)
1. ज्ञान: उत्पादन के रूप में ज्ञान (Knowledge) ज्ञान में प्राथमिक पठन कौशल अथवा विशिष्ट सूचनाओं या अनुभवों का पुनः स्मरण शामिल होता है। ज्ञान के उच्च स्तर में सूचनाओं के साथ व्यवहार करने के तरीके एवं माध्यम को जानना शामिल है। इसमें परिवर्तन के साथ ही साथ प्रवृत्ति और क्रम, वर्गीकरण निकष एवं रीति – विधान सभी के उच्च स्तर में सार्वभौमिकताओं एवं अमूर्तताओं का ज्ञान शामिल है। इसके अंतर्गत नियमों एवं सामान्यीकरण तथा साथ ही साथ सिद्धान्तों एवं संरचनाओं का ज्ञान आते हैं।	वर्णन करना, प्रत्ययकरण करना, परिभाषित करना, पहचानना, नाम बताना, सूची बनाना, पुनरुत्पादन करना, मापना, नामांकित करना, लिखना, अर्जित करना।
2. बोध (Comprehension) इसमें प्रत्यक्षण शामिल है। बोध सूचनाओं की प्रक्रिया को बाध्य करता है, जो सूचनाओं को शिक्षार्थी के लिए अधिक अर्थपूर्ण बनाती है।	समझना, भविष्यवाणी करना, निर्वचन करना, सोदाहरण समझना अनुवाद करना, चित्र बनाना, अन्तर्वेशन करना, बहिर्वेशन करना।
3. अनुप्रयोग (Application) अनुप्रयोग के अन्तर्गत किसी वस्तु का विशिष्ट प्रकार से उपयोग करना आता है।	अनुप्रयुक्त करना, दिखाना, प्रदर्शित करना, उपयोग करना, सम्बन्ध बताना, विकास करना, स्थानान्तर करना, निर्माण करना, व्याख्या करना।
4. विश्लेषण (Analysis) विश्लेषण के अन्तर्गत विभाजित करना अथवा पूर्ण का इसके घटक भागों में अलग करना आता है। यह एक तर्क अथवा चिन्तन की प्रक्रिया है। सरलतम रूप में विश्लेषण के अन्तर्गत इसके तत्त्वों की सूची बनाना आता है।	विश्लेषण करना, अलग करना, भेद करना, वर्गीकृत करना, भंग करना, पता लगाना, भेद दिखलाना ।
5. संश्लेषण (Synthesis) संश्लेषण में अनेक तत्त्वों को आपस में जोड़कर पूर्ण प्राप्त किया जाता है। इस प्रक्रिया से तार्किक परिणाम निकाला जाता है। इस अर्थ में यह चिन्तन एवं सृजनात्मकता से सम्बन्धित है। संश्लेषण में तत्त्वों को मौलिक रूप से जोड़ा जाता है।	जोड़ना, संक्षिप्त करना, सामान्यीकरण करना, निष्कर्ष निकालना, संगठित करना, स्पष्ट करना, निर्माण करना, प्रस्तावित करना, परिणाम निकालना।

6.	मूल्यांकन (Evaluation) यह वर्गीकरण का उच्चतम स्तर है इसमें पिछले पांच वर्गों का योग होता है। मूल्यांकन का सम्बन्ध मूल्यों के बारे में निर्णन लेने से होता है। मूल्यांकन मात्रात्मक एवं गुणवत्तात्मक, प्रत्यक्ष अथवा परोक्ष, विषयनिष्ठ अथवा वस्तु-निष्ठ हो सकता है। प्रायः निर्णय आन्तरिक साक्ष्यों के आधार पर लिये जाते हैं। निर्णय बाह्य निष्कर्ष के आधार पर लेना मूल्यांकन गतिविधि का उच्चतम स्तर माना गया है। आन्तरिक साक्ष्यों के आधार पर लिये जाते हैं। निर्णय बाह्य निष्कर्ष के आधार पर लेना मूल्यांकनात्मक गतिविधि का उच्चतम स्तर माना गया है।	मूल्यांकन करना, निश्चय करना, चुनना, निर्णय करना, आलोचना करना, चयन करना, समर्थन देना, आक्रमण करना, बचाव करना, वैषम्य दिखलाना।

चित्र 8.7: ब्लूम प्रतिमान

यहाँ उसके छः स्तरों के उद्देश्य सोदाहरण प्रस्तुत हैः–

1. ज्ञान : एशिया के देशों के नाम बताओ।
   मानव शरीर की पद्धतियों के नाम बताओ।

2. **बोध** : कहानी को दोहराइए।
मुझे अपने शब्दों में बताइये।
3. **अनुप्रयोग** : इसका चित्र बनाइए।
संक्षिप्त कहानी लिखिए।
4. **विश्लेषण** : इस समस्या के कौन-कौन से भाग हैं। इनमें भेद कीजिए।
5. **संश्लेषण** : प्रस्तुत समस्या के क्या समाधान हैं? इससे निष्कर्ष निकालिए।
6. **मूल्यांकन** : इन दो शिक्षा पद्धतियों में विषमता (Contrast) बताइए।

इनमें से श्रेष्ठ को चुनिए।

ब्लूम के वर्गीकरण का उपयोग पाठ्यचर्या विकास एवं शैक्षिक कार्यक्रमों के मूल्यांकन के लिए किया जाता है। प्रतिभाशाली बालक उद्देश्यों के उच्चतम स्तर (मूल्यांकन) को प्राप्त कर लेता है।

6. मेकर प्रतिमान (Maker Model)

मेकर (1982) ने विभिन्न अध्यापन–अधिगम प्रतिमानों के मुख्य योगदानों का विश्लेषण किया तथा प्रत्येक प्रतिमान के सबसे अच्छे घटकों का एकीकरण कर अपना प्रतिमान प्रस्तुत किया। प्रस्तुत प्रतिमान के निम्न चार घटक हैं:

1. विषय वस्तु,
2. प्रक्रिया,
3. उत्पाद, एवं
4. पर्यावरण।

संवर्धन प्रदान करने के लिए अध्यापक इनमें से एक अथवा एक से अधिक घटकों का उपयोग कर सकता है।

विषय वस्तु संशोधन में जटिल, अमूर्त और विचारों के विविध संगठन, संकल्पनाओं और उपस्थित तथ्यों पर बल दिया जाता है। प्रक्रिया संशोधन के अंतर्गत प्रस्तुतीकरण की विधि बताई जाती है, इसमें उच्च स्तर के चिंतन पर बल दिया जाता है। उत्पाद संशोधन के अंतर्गत प्रतिभाशाली बच्चों से क्या अपेक्षा रखी जाती है, इसको लक्ष्य रखकर संशोधन किया जाता है। पर्यावरणीय संशोधन, उन स्थितियों पर केन्द्रित रहता है जिसमें अधिगम घटित होता है। प्रस्तुत प्रतिमान में अध्यापक की भूमिका आगे बढ़ाने वाले की होती है।

9

प्रतिभाशालियों का निर्देशन
(Guidance of the Gifted)

परिचय

प्रतिभाशाली बालक वे होते हैं, जिनमें अपने हम उम्र बालकों की तुलना में विशिष्ट योग्यता होती है। अतः यदि इन्हें पर्याप्त दिशा-निर्देश दिए जाएं तो ये न केवल अपना बल्कि अपने समाज व देश का विकास करते हैं। वास्तव में वे किसी भी समृद्धशाली राष्ट्र की पूँजी होते हैं। लेकिन निर्देशन देने के पहले इन्हें पहचानना आवश्यक होता है। प्रतिभाशालियों में कुछ विशेषताएँ होती हैं जिनके आधार पर इन्हें पहचाना जा सकता है। ये विशेषताएँ इस प्रकार हैं–

सामान्य विशेषताएँ (General Characteristics)

प्रतिभाशालियों की सामान्य विशेषताएँ इस बात पर निर्भर करती हैं कि हमने प्रतिभाशालियों की कौन-सी संकल्पना ली है। व्यापक रूप में, वह प्रतिभाशाली होगा, जिसमें असाधारण निष्पादन हो। संकीर्ण रूप में जिसमें अमूर्त बुद्धि हो तथा सृजनात्मकता हो। रेन्जुल्ली की संकल्पना से उसकी व्यापक संकल्पना बन सकती है।

शारीरिक विशेषताएँ (Physical Characteristics)

प्रतिभाशाली व्यक्तियों के समूह का सामान्य स्वास्थ्य एवं संरचना औसत से उच्च होती है। उनके तंत्रिका तंत्र (Nervous System) की गुणवत्ता भी श्रेष्ठ होती है। अर्थात् केन्द्रीय तंत्रिका अभिवृद्धि पद्धति, जिस पर बुद्धि एवं विकास की बुनियाद रहती है, की गुणवत्ता बेहतर होती है। प्रतिभाशाली अपने पर्यावरण से जैसे अनुक्रिया करते हैं। वे अपने नये अनुभवों को पुरानों से मिलाते हैं। इससे तरीके एवं संकल्पनाओं का निर्माण होता है, जो कि प्राप्त करने, ज्ञात करने तथा नये ज्ञान को आत्मसात करने के उपकरण का कार्य करते हैं।

प्रतिभाशाली समूह के रूप में शारीरिक मापकों जैसे ऊँचाई, भार, शरीर विकास तथा पेशीय ऊर्जा के मानक में श्रेष्ठ होते है। इनमें शारीरिक विकृतियाँ कम ही पाई जाती हैं। इनमें परिपक्वता भी शीघ्र आती है। सामान्यतः प्रतिभाशाली मजबूत, बेहतर समन्वय वाले तथा शीघ्र पेशीय अनुक्रिया करने वाले होते हैं।

प्रतिभाशालियों में व्यक्तिगत भिन्नताएँ (Individual Differences among the Gifted)

बुद्धि (Intelligence)

यदि हम I.Q. की न्यूनतम सीमा 125 तय करते है, तब इनकी (प्रतिभाशालियों) I.Q. का विस्तार (रेंज) 75 बिंदु तक होता है। अर्थात् प्रतिभाशालियों की बुद्धियों में काफी अंतर होते हैं। 125 से 200 तक इनकी I.Q. होती है। 160-200 तक I.Q. वालों में समायोजन की समस्या होती है। ऐसा इसलिए होता हैं चूंकि इनका मानसिक स्तर सामान्य व्यक्तियों की तुलना में अधिक प्रगत होता है। वहीं दूसरी ओर 125-160 I.Q. वाले प्रतिभाशालियों का व्यक्तिगत समायोजन बेहतर होता है। इनका व्यवहार सामान्य विद्यार्थियों की तरह ही होता है। अपनी श्रेष्ठ बुद्धि के कारण ये जीवन के साथ पर्याप्त समायोजन बना पाते हैं।

यद्यपि सामान्यतः प्रतिभाशालियों की शैक्षणिक उपलब्धियाँ बहुत उच्च होती हैं, किन्तु प्रतिभाशालियों के समूह में भी उपलब्धियों में बहुत अंतर होता है। उनमें शैक्षणिक असफलता भी पाई जाती है तथा वे कक्षा छोड़कर भी चले जाते हैं।

शैक्षणिक उपलब्धियों में अंतर का कारण मुख्यतः व्यक्तित्व में अंतर है। नियमित शैक्षणिक कार्य के प्रति प्रतिक्रियाएँ व्यक्तित्व की अभिव्यक्ति हैं। अंतर्मुखी एवं बहिर्मुखी अलग.अलग प्रकार के व्यवहार करते हैं। बहिर्मुखी आक्रामक प्रतिक्रिया व्यक्त करते हैं जबकि अंतर्मुखी मध्यमार्ग अपनाते हैं।

रुचियाँ (Interests)

प्रतिभाशालियों की रुचियाँ भी विविध होती हैं। प्राकृतिक जिज्ञासा जो कि प्रतिभाशालियों की मूल विशेषता होती है। इसके कारण उनकी रुचियाँ सामान्य बालकों की तुलना में व्यापक होती हैं। 10 वर्ष के प्रतिभाशाली बालकों की रुचि खगोल, भौतिकी, मुद्राशास्त्र एवं कीट विज्ञान में हो सकती है।

प्रतिभाशालियों की सर्वाधिक सामान्य रुचि पठन होती है। वे बाल्यावस्था में ही पढ़ना सीख जाते हैं। तब पठन उनके नए ज्ञान का स्रोत बन जाता है। वे पुस्तकों एवं संग्रह से प्यार करते हैं। प्रतिभाशालियों की प्राकृतिक जिज्ञासा उनकी पठन रुचियों को उद्दीप्त करती है। छपे हुए पृष्ठ से उन्हें संपूर्ण संसार का ज्ञान

प्राप्त होता है। उन्हें जानने की भूख रहती है। ऐसा माना जाता है कि प्रतिभाशाली बालक अपने प्रारंभिक जीवन में सामान्य बालकों की तुलना में दुगुना पठन करते हैं। उनका बहुत बड़ा प्रतिशत विद्यालय जाने से पूर्व पढ़ना सीख जाता है। शोध अध्ययन बताते हैं कि तीन वर्ष की उम्र में अनेक बालक पढ़ना सीख जाते हैं तथा कुछ बालक उससे पहले भी पढ़ना सीख जाते है। उनकी साहित्यिक गुणवत्ता भी श्रेष्ठ होती है। जीवन वृत्तान्त, खोज, इतिहास, नाटक विज्ञान, कविता विद्यालयीन एवं गृहजीवन उनके प्रिय प्रकरण होते हैं। कभी-कभी उनकी पठन रुचि इतनी गहन होती है कि वे सामाजिक अनुभवों को अनदेखा कर देते हैं। प्रतिभाशाली बालक घर में रहना पंसद करते हैं ताकि वे ज्यादा से ज्यादा पढ़ सकें। एक 10 वर्ष के बालक ने अपने चाचा-चाची के यहाँ अपने पिता के विदेश जाने के कारण ग्रीष्म अवकाश में अपने चाचा के पुस्तकालय की समस्त पुस्तकों को पढ़ना पंसद किया, जबकि उसके चाचा का पुस्तकालय काफी बड़ा था। यदि इन गहन रुचियों को उचित प्रकार से निर्देशित न किया जाए तब वे अंतर्मुखी, शर्मीले एवं असामाजिक भी हो सकते हैं।

प्रतिभाशालियों की अन्य प्रसिद्ध रुचि संग्रह करने की होती है। वे सिक्के, डाक टिकट, पत्थर, कीड़े तथा अन्य दूसरी वस्तुओं को एकत्र करते हैं। वे इन संग्रहों को उचित क्रम में सावधानीपूर्वक वर्गीकृत करते हैं। इनकी ये रुचियाँ आगे चलकर प्रगत रुचियों का आधार बनती हैं। उदाहरणार्थ पत्थर एकत्र करने वाला बालक भूगर्भशास्त्री बन सकता है, कीट एकत्र करने वाला जीवविज्ञानी बन सकता है।

प्रतिभाशालियों की रुचियाँ खेल गतिविधियों में सामान्य के बराबर भी होती है, किन्तु उनका खेल-कूद का ज्ञान ज्यादा होता है। किस खिलाड़ी ने कितने शतक बनाए, इनका वर्ल्ड रिकार्ड किसके नाम है। गेंद का व्यास कितना होता है, वे चुटकी बजाते बता सकते हैं। वे प्रायः कौशलों का खेल पंसद करते हैं। प्रतिभाशाली विद्यार्थी जिन्हें खेल के सीमित अवसर प्राप्त होते हैं, वे अपने काल्पनिक खेल साथियों का निर्माण कर लेते हैं और वे इन्हीं काल्पनिक खेल साथियों के साथ खेलते हैं एवं वार्तालाप भी करते हैं।

जीवन के प्रारंभिक वर्षों में वे जीवन एवं मृत्यु की सच्चाई खोज लेते हैं। उनका जिज्ञासु मस्तिष्क मानव अस्तित्व के बुनियादी प्रश्नों का उत्तर प्राप्त करता है। जीवन का उद्देश्य क्या है? जीवन कैसे उत्पन्न होता है? मृत्यु के पश्चात् क्या होता है? क्या स्वर्ग है? क्या नर्क है? इन प्रश्नों का वे उत्तर प्राप्त करने का प्रयास करते हैं। प्रतिभाशाली बालक नैतिक एवं सामाजिक मुद्दों पर बाल्यावस्था में ही विचार करने लग जाते हैं। वे अपने पर्यावरण का भी बेहतर ज्ञान प्राप्त करते हैं। वें समाज में अन्याय का भी निरीक्षण करते है। वे सामाजिक एवं नैतिक मुद्दों

पर कभी समझौता नहीं करते हैं। उनकी रुचियाँ चित्रकारी, रेखांकन, संगीत, कविता, खगोलशास्त्र में भी होती है।

व्यक्तित्व विशेषक (Personality Traits)

इनके व्यक्तित्व विशेषकों पर अल्प शोध ही हुए हैं, किन्तु निरीक्षण एवं उपलब्ध प्रदत्त के आधार पर कुछ व्यक्तित्व विशेषक सार्वभौम होते हैं। ये हैं: जिज्ञासा, खोजने की इच्छा, ज्यादा ज्ञान अर्जित करना, छानबीन करना, प्रश्नों का उत्तर प्राप्त करना।

प्रतिभाशाली बालक, अच्छे श्रोता भी होते हैं। वे यह जानने के इच्छुक होते हैं कि अन्य व्यक्ति क्या कहते हैं। किंतु वे तभी तक सुनते हैं, जब तक कोई सार्थक बात उन्हें सुनने को मिलती है, अन्यथा नहीं। वे जानने के भूखे तथा सुनने के लिए तत्पर होते हैं। किंतु निरर्थक संवाद नहीं। वे आश्चर्य्र की समझ एवं खोज का आनंद लेते हैं। उनके व्यक्तित्व का गुण मौलिकता होती है। उनका यह गुण घर एवं विद्यालय दोनों में परिलक्षित होता है। वे कविता लेखन, संगीत निर्माण, रेखाकंन, यांत्रिक निर्माण तथा ऐसी अनेक गतिविधियाँ करते हैं जिनसे उनकी मौलिकता का पता चलता है।

उनके अन्य गुण हैं – उत्तरदायित्व वहन करने के लिए तत्पर रहना, विनोद की समझ, सत्यता, शिष्टाचार, सहयोग, स्वतंत्रता इत्यादि। उनमें आत्म.आलोचना की प्रवृत्ति होती है।

मानसिक विशेषताएँ (Mental Characeristics)

मप्रतिभाशाली बालकों में संकल्पना निर्माण की योग्यता होती है। इस योग्यता के कारण वे अनुभवों का निर्वचन प्रभावी ढंग से कर सकते हैं। संकल्पना निर्माण अमूर्त चिंतन का आधार होता है।

वे विचारों का आनंद उठाते हैं। वे तार्किक संबंध का प्रत्यक्षण कर उत्साहित होते हैं। वे विचारों के संसार में खोजबीन कर आनंद उठाते हैं और वे सृजनात्मक कल्पना करते हैं। सभी प्रतिभाशाली बालकों में सृजनात्मक चिंतन की योग्यता होती है। सृजनात्मक चिंतन की योग्यता बाल्यवस्था में भी दिखाई देती है तथा यह कविता, कला, संगीत, विज्ञान तथा अन्य गतिविधियों में दिखाई देती है।

असाधारण अंतर्दृष्टि भी प्रतिभाशालियों की एक विशेषता होती है। यह समस्या समाधान में सहायक होती है। इसके द्वारा वे कठिन पहेली हल कर सकते हैं। विचारों की प्रवाहता प्रतिभाशालियों में पाई जाती है। वे शीघ्रता से याद कर सकते हैं। तर्क कर सकते हैं। उनका अवधान विस्तार भी लंबा होता है।

अभिप्रेरणा (Motivation)

कुछ प्रतिभाशाली विद्यार्थी ज़्यादा उपलब्धियाँ अर्जित कर लेते हैं, किंतु अन्य नहीं, इसका मूल कारण उनकी अभिप्रेरणा होती है। एक व्यक्ति अपनी योग्यताओं का पूर्ण विकास कर लेता है किंतु दूसरा नहीं कर पाता है। अल्प उपलब्धि के क्या कारण हैं, अति उपलब्धि के क्या कारण हैं ऐसे कौन से बल हैं, जिनके कारण व्यक्ति उपलब्धि के लिए भूखा रहता है।

प्रतिभाशालियों की शिक्षा में अभिप्रेरणा की समस्या महत्त्वपूर्ण होती है। राजनीति, उद्योग, शिक्षा विज्ञान तथा कला कोई भी क्षेत्र हो, व्यक्ति पूर्ण योगदान तभी दे सकता है जबकि उसमें पर्याप्त अभिप्रेरणा हो। अभिप्रेरणा को उपलब्धि की प्राणवायु भी कहा जा सकता है।

प्रतिभाशाली बालकों के लिए निर्देशन का संगठन (Organisation of Guidance for Gifted Children)

योग्यतम विद्यार्थियों के लिए शिक्षा की अच्छी निर्देशन सेवा, जिसमें व्यक्तिपरक अनुदेशन पर बल दिया जाता है, आवश्यक होती है। चूंकि ये बालक सामान्य बालकों की तुलना में उच्च बुद्धि, उच्च सृजनात्मकता एवं उच्च वचनबद्धता रखते हैं, अतः इन्हें विशिष्ट निर्देशन कार्यक्रम की आवश्यकता होती है। इनकी समस्याएँ, महत्वाकांक्षाएँ, समायोजन, अभिक्षमताएँ एक विशिष्ट निर्देशन कार्यक्रम की आवश्यकता बताती हैं।

प्रतिभाशाली बालकों की विशिष्ट समस्याएँ (Special Problems of Gifted Children)

प्रतिभाशाली बालकों की अपनी विशिष्ट समस्याएँ होती हैं। उनमें से कुछ यहाँ प्रस्तुत हैं (गोवन 1960)

1. व्यावसायिक एवं शैक्षिक पसंद के चयन की समस्या।
2. उन्हें उर्ध्वगामी सामाजिक गतिशीलता की समस्या हो सकती है।
3. भौतिकी स्रोतों से समस्या समाधान के पूर्व वे विकासात्मक कार्यों के प्रति जागरूक होते हैं।
4. उनमें विशिष्ट रुचियों के विकसित करने, जो कि व्यावसायिक संस्थाओं के लिए आवश्यक है, की अधिक आवश्यकता होती है।
5. प्रौढ़ता नहीं होने के कारण वे अनेक प्रकार की समस्याओं से ग्रस्त रहते हैं।

प्रतिभाशाली बालक यह जानते हैं कि उनमें सामान्य बालकों से हटकर विशेषताएँ होती हैं, उन पर मानक लागू नहीं होते हैं। वे उन स्थितियों में भेद नहीं कर पाते हैं जो सभी व्यक्तियों पर चाहे उनकी योग्यता कुछ भी हो, समान रूप से लागू होती हैं। जैसे वे अक्सर यह मानते हैं कि वे एक अथवा दो अतिरिक्त पाठ्यक्रम पूर्ण कर सकते हैं किंतु यह उनके लिए पूर्व आवश्यक नहीं होता।

योग्य विद्यार्थियों के लिए निर्देशन कार्यक्रम में पाँच बिंदु आवश्यक हैं–

1. शीघ्र पहचान।
2. चुनौतीपूर्ण शैक्षिक कार्यक्रम।
3. व्यक्तिगत परामर्श।
4. माता-पिता के लिए निर्देशन।
5. समुदाय सहयोग।

प्रतिभाशाली बालकों का निर्देशन कार्यक्रम प्राथमिकतः निम्न परिप्रेक्ष्य में बदलता रहता है।

1. प्रतिभाशाली बालकों के लिए शैक्षिक एवं व्यावसायिक अवसर अन्य की तुलना में ज़्यादा अनुपात में उपलब्ध रहते हैं।
2. प्रतिभाशाली व्यक्ति आत्म मूल्यांकन एवं आत्म संकल्पनाकरण के लिए उच्च स्तरों एवं प्रारंभिक उम्र में तैयार रहते हैं।
3. प्रतिभाशाली बालकों पर माता.पिता, अध्यापकों, सहपाठियों एवं अन्यों का अस्वाभाविक दबाव रहता है।

पूर्ण कार्यक्रम का अंश

योग्य व्यक्तियों के लिए निर्देशन कार्यक्रम की कमी के बावजूद ज़्यादातर लेखक इसके पक्ष में हैं। पासु, गोल्डबर्ग और टनेनबाम (1955) ने किसी भी पाठ्यचर्या में समायोजन के लिए प्रतिभाशाली के लिए उपयुक्त निर्देशन की आवश्यकता बताई है। डिमेन्ट (1957) ने बताया कि प्रतिभाशाली बालक आत्म मूल्यांकन, व्यावसायिक सूचना, मानव संबंध, व्यक्तिगत दर्शन के क्षेत्र में परामर्श की कमी अनुभव करते पाए गए। ट्रेक्सलर (1954) ने बताया कि जैसे-जैसे विद्यालयों की संख्या बढ़ती है वैसे ही छात्र व्यक्तिगत सेवा अधिक महत्वपूर्ण होती जाती है।

कोनेट (1957) ने बताया कि "निर्देशन व्यापक एवं गहराई के अर्थ में वह शब्दावली है जो कि शैक्षणिक रूप से प्रतिभाशाली विद्यार्थियों के उपयुक्त विकास के लिए आवश्यक है।"

संदर्भ
(References)

Amabukem, T. (1983), The Social Psychology of Creativity. New York. Springer-Verlag.

Anand, M.R. (1961), The Place of Gifted in Indian Society. In G.Z. Bereday and J.... Lauwerys (Eds.) The Year Book of Education. London: *Evans Brothers.*

Atkinson, J.W. and O. Connor, P. (1963), Effects of Ability Grouping in Schools Related to Individual Differences in Achievement-Related Motivation (Final Report). Ann Arbon: University of Michigan (ERIC Document Reproduction Service Number ED 003249).

Barron, F. (1969), Creative Person and Creative Process. New York: Holt, Rinehart and Winston.

Bayley, N. (1955), On the Growth of Intelligence. Amer. Psychologist 10, 805-18.

Betts, G.T. and Knapp, J.K. (1981), Autonomous Learning and the Gifted. A Secondary Model. In I. Sato (Ed.) Secondary Programmes for the Gifted/Talented. Los Angeles: Leadership Training Institute, 1981.

Billet, R.O. (1932), The Administration and Supervision of Homogeneous Groupings. Columbus: Ohio State University Press.

Bishop, W.E. (1968), Successful Teachers of the Gifted. Except. Children, 34, 317-25.

Bloom, B.S. (1985), Developing Talent in Young People. New York: Ballantine.

Bloom, B.S., Englehart, M.D., Furst, E.J., Hill, W.H. & Krathwohl, D.R.: Taxonomy of Educational Objectives, Handbook I: Cognitive Domain. New York: McKay, 1956.

Branch, M. and Cash, A. (1966), Gifted Children: Recognizing and developing Exceptional Ability. London: Souvenir Press.

Bridges, S.A. (1969), Gifted Children and the Brentwood Experiment. London: Pitman.

Brumbaugh, F.N. and Roshco, B. (1959), Your Gifted Child: A Guide for Parents. New York: Rinehart and Winston.

Bruner, J.S. (1960), The Process of Education. Cambridge, MA: Harvard University Press.

Bruner, J.S. (1966), Toward a Theory of Instruction. Cambridge, MA: Harvard University Press.

Buhler, C. (1935), From Birth to Maturity. London: Kegan Paul.

Burns, D.E. (1998), SEM Network Directory. Storrs, CT: University of Connecticut, Neag Center for Gifted Education and Talent Development.

Buch M.B. (Ed.), A Survery of Research in Education. Baroda: Centre of Advanced Study in Education, 1974.

Buch, M.B. (Ed.), Second Survery of Research in Education. Baroda: Society for Educational Research & Development, 1979.

Buch, M.B. (Ed.), Third Survery of Research in Education. New Delhi: National Council of Educational Research and Training, 1986.

Buch, M.B. (Ed.), Forth Survery of Research in Education. Vol I & II, New Delhi: National Council of Educational Research and Training, 1991.

Buros, O.K. (Ed.) (1972), Seventh Mental Measurement Year Book. Highland Park, NJ: Gryphon Press, 1972.

Burt, C.L. (1958), The Gifted Child. Yearbook of Education. London: Evans, 1-59.

Burt, C.L. (1975), The Gifted Child. London: Hodder and Stoughton.

Cox, C.M. (1926), The Early Mental Traits of Three Hundred Geniuses. Stanford, Calif.: Stanford University Press.

Cropley, A.J. (1967a), Creativity. London: Longmans.

Dewey, J. (1913), Interest and Effort in Education. New York: Houghton Mifflin.

Dewey, J. (1916), Democracy and Education. New York: Macmilan.

Dunn, L.M. (1964), Exceptional Children in the School. New York: Holt, Rinehart and Winston Inc.

Dunn, L.M. (1973), Exceptional Children in the Schools, 2nd Ed. New York: Holt, Rinehart and Winston Inc.

Dunn, R., Dunn, K. & Price, G.E. (1977), Diagnosing Learning Styles: Avoiding Malpractice Suits Against School Systems. Phi Delta Kappan, 58(5), 418-420.

Feldhusen, J.F. (Ed.) (1985), Toward Excellence in Gifted Education. Denver: Love.

Gallagher, J.J. (1964), Teaching the Gifted Child. Boston, Mass.: Allyn and Bacon.

Gallagher, J.J., Aschner, M.J. and Jenne, W. (1967), Productive Thinking of Gifted Children in Classroom Interaction, Council for Exceptional Children, Res. Monogr. Serv. B., No. 5.

Gallagher, J.J. (1975), Teaching the Gifted Child (2nd Ed.). Boston, MA.: Allyn and Bacon.

Gallgher, J.J. (1985), Teaching the Gifted Child (3rd Ed.). Boston: Allyn and Bacon.

Gagne, F. (1985), Giftedness and Talent: Reexamining a Re-examination of the Definitions, Gifted Child Quarterly, 1985, pp. 29, 103-112.

Gardner, H. (1983), Frames of Mind: The Theory of Multiple Intelligence. New York: Basic.

Gardener, H. (1983), Frames of Mind. New York: Basic Books.

Gold, M.J. (1965), Education of the Intellectually Gifted. Columbus, Ohio: Charles Merrill.

Goldberg, M.L. (1965), Research on the Talented. New York: Teachers College, Columbia University.

Guilford, J.P. (1967), The Nature of Human Intelligence. New York: McGraw-Hill.

Guilford, J.P. (1973), Creativity Tests for Children. Orange, CA: Sheridan Psychological Services.

Gowan, J.C. and Demos, G.D. (1964), The Education and Guidance of the Ablest-Spring-field, III: Charles C. Thomes.

Havighurst, R.J., Stivers, E. and De Haan, R.F. (1955), A Survey of the Education of Gifted Children. University of Chicago: Supl. Educ. Monogr., No. 83.

Hildreth, G.H. (1952), Educating Gifted Children. New York: Harper and Row.

Hudson, L. (1966), Frames of Mind. London: Methuen.

James, W. (1985), On the Functions of Cognition. Mind, 10, 27-44.K

Khatena, J. (1982), Educational Psychology of the Gifted. New York: Wiley, 1982.

Kirschenbaum, R.J. (1983), Let's Cut Out the Cu-Off Score in the Identification of the Gifted. Roeper Review: A Journal on Gifted Education, 5,6-10.

Kirschenbaum, R.J. & Siegle, D. (1993, April), Predicting Creative Performance in an Enrichment Program. Paper Presented at the

Association for the Education of Gifted Underachieving Students 6th Annual Conference, Portland, OR.

Kirk, S.A. (1972), Educating Exceptional Children. L.M. Dunn. (Ed.) New York: Holt Rinehart and Winston. 1964.

Kirk, S.A. (1989), Educating Exceptional Children (6th Ed.). Boston: Houghton Mifflin, 1989.

Kulik, L.L. (1985), Effects of Interclass Ability Grouping on Achievement and self-esteem. Paper Presented at the American Psychological Association Convention. Los Angeles, August.

Kulik, L.L. & Kulik, J.A. (1982), Effects of Ability Grouping on Secondary School Students: A Meta-Analysis of Evaluation Findings, American Educational Research, pp 19, 415-428.

Kulik, J.A. & Kulik, L.L. (1984), Effects of Accelerated Instruction on Students, Review of Educational Research, pp. 54, 409-425.

Lucito, L.S. (1964), Gifted Children in Exceptional Children. L.M. Dunn (Ed.) New York: Holt Rinehart and Winston.

Maker, C.J. (1982), Teaching Models in Education of the Gifted. Maryland: Aspen Systems Corporation.

Marland, S.P. (1972), Education of the Gifted and the Talented. Washington, D.C.: U.S. Govt. Printing Office.

Meeker, M.N. (1979), SOI Learning Abilities Test. EI Segundo, CA: SOI Institute.

NCERT (2001), National Talent Search Scheme. New Delhi: National Council of Educational Research & Training.

Neisser, U. (1979), The Concept of Intelligence. In R.J. Sternberg & D.K. Detterman (Eds.), Human Intelligence (pp.179-189)., Norwood, NJ: Ablex.

Olenchak, F.R. (1988), The Schoolwide Enrichment Model in the Elementary Schools: A Study of Implementation Stages and Effects on Educational Excellence. In: J.S. Renzulli (Ed.), Technical Report on Research Studies Relating to the Revolving Door Identification Model (2nd Ed., pp. 201-247). Storrs, CT: University of Connecticut, Bureau of Educational Research.

Olenchak, R.R. & Renzulli, J.S. (1989), The Effectiveness of the Schoolwide Enrichment Model on Selected Aspects of Elementary School Change. Gifted Child Quarterly, 32, 44-57.

Pal, H.R. & Sharma K. Prayogik Grih Manovigyan Avam Manav Vikas. (1989) Agra: Star Publications.

Pal, H.R. Educational Research. (2005) Bhopal: M.P. Hindi Granth Acadamy

Pal, H.R. (2006), Advanced Educational Psychology. New Delhi: Directorate of Hindi Implementation, Delhi University.

Piaget, J. (1975), The Development of Thought: Equlibration of Cognitive Structures. New York: Viking.

Quay, L.C. (1971), Language Dialect, Reinforcement, and the Intelligence Test Performance of Negro Children. Child Devlmt 42, 5-15.

Raina, M.K. (1979), Research Developments in Giftedness and Creativity in India. In J.J. Gallagher (Ed.) Gifted Children Reaching their Potential. Jerusalem: Kollek and Sons.

Raina, M.K. (1980), Creativity Research: International Perspectives. New Delhi: National Council of Educational Research and Training.

Raina, M.K. (1981), Introduction. Studies on National Talent Search, New Delhi. National Council of Educational Research and Training.

Raina, M.K. (1981), Concept and Identification in Talent: Studies on National Talent Search. New Delhi. NCERT.

Raina, M.K. (1981), National Talent Search-Its Perspective and— Rationale. Studies on National Talent Search. New Delhi: NCERT.

Raina, M.K. (1981), Research and Development in Talent: On the Use of Creativity Tests. ERIC Report. New Delhi: NCERT.

Reis, S.M. (1981), An Analysis of the Productivity of Gifted Students Participating in Programs using the Revolving Door Identification Model. Unpublished Doctoral Dissertation, University of Connecticut Storrs.

Reis, S.M., Burns, D.E. & Renzulli, J.S. (1992), Curriculum Compacting: The Complete Guide to Modifying the Regular Curriculum for High Ability Students. Mansfield Center, CT: Creative Learning Press.

Reis, S.M., Westberg, K.L., Kulikowich, J., Caillard, F., Herbart, T.P., Plucker, J.A., Purcell, J.H., Rogers, J. & Smist, J. (1993), Who Not Let High Ability Students Start School in January? The Curriculum Compacting Study (Research Monograph 93106). Storrs, CT: University of Connecticut, The National Research Center on The Gifted and Talented.

Reis, S.M. & Renzulli, J.S. (1982), A Case for a Broadened Conception of Giftedness, Phi Delta Kapan, 1982, pp. 63, 619-620.

Reis, S. & Callahan, C. (1989), Gifted Females: They've Come a Long Way on Have They? Journal for the Education of the Gifted, pp. 12, 99-117.

Renzulli, J.S. (1976), The Enrichment Triad Model: A Guide for Developing Defensible Programs for the Gifted and Talented. Gifted Child Quarterly, 20, 303-326.

Renzulli, J.S. (1977), The Enrichment Triad Model: A Guide for Developing Defensible Programs for the Gifted and Talented. Mansfield Center, CT: Creative Learning Press.

Renzulli, J.S. (1978), What Makes Giftedness? Re-examining a Definition. Phi Delta Kappan, 60, 180-184, 26 1.

Renzulli, J.S. (1982), What Makes a Problem Real: Stalking the Illusive Meaning of Qualitative Differences in Gifted Education. Gifted Child Quarterly, 26, 147-156.

Renzulli, J.S. (1986), The Three Ring Conception of Giftedness: A Developmental Model for Creative Productivity. In R.J. Sternberg & J.E., Davidson Eds.), Conceptions of Giftedness (pp. 53-92). New York: Cambridge University Press.

Renzulli, J.S. (1988a), The Multiple Menu Model for Developing Differentiated Curriculum for the Gifted and Talented. Gifted Child Quarterly, 32, 298-309.

Renzulli, J.S. (1988b), Technical Report of Research Studies Related to the Enrichment Triad/Revolving Door Model (3rd Ed.). Storrs, CT: University of Connecticut, Teaching the Talented Program.

Renzulli, J.S. (1994), Schools for Talent Development: A Practical Plan for Total School Improvement. Mansfield Center, CT: Creative Learning Press.

Renzulli, J.S. (1977c), The Enrichment Trial Model: A Guide for Developing Defensible Programs for the Gifted, Mansfield Center. CT: Creative Learning.

Renzulli, J.S. (1978), What Makes Giftedness? Reexamining a Definition, Phi Delta Kappan, pp 60, 180-184.

Renzulli, J.S. (1979), The Enrichment Tried Model: A Guide for Developing Defensible Programs for the Gifted. Gowan, J. Khatena and E.P. Torrance (Eds.) Educating the Ablest, III: F.E. Peacock, 1979.

Renzulli, J.S. Hartman, R.K. (1971), Scale for Rating Behavioral Characteristics of Superior Students. Except. Children 38, 243-8.

Renzulli, J.S. & Reis, S.M. (1994), Research Related to the Schoolwide Enrichment Model. Gifted Child Quarterly, 38, 2-14.

Renzulli, J.S. & Reis, S.M. (1997), The Schoolwide Enrichment Model: A How-To-Guide For Educational Excellence. Mansfield Center, CT: Creative Learning Press.

Renzulli, J.S. Reis, S.M. & Smith, L.H. (1981), The Revolving Door Identification Model. Mansfield Center, CT: Creative Learning Press.

Renzulli, J.S., Smith, L.H. White, A.J., Callahan, L.M. & Hartman, R.K. (1976), Scales for Rating the Behavioral Characteristics of Superior Students, Mansfield Center. CT: Creative Learning Press.

Renzulli, J.S. & Smith, L.H. (1978), The Compactor. Mansfield Center, CT: Creative Learning Press.

Renzulli, J.S., Reis, S.M. & Smith, L.H. (1981), The Revolving Door Identification Model. Mansfield Center. CT: Creative Learning.

Renzulli, J.S. (1982), What Makes a Problem Real? Gifted Child Quarterly, pp 26, 147-156.

Renzulli, J.S., Smith, L.H. & Reis, S.M. (1982), Curriculum Compacting: An Essential Strategy for Working With Gifted Students. The Elementary School Journal, 82, 185-194.

Renzulli, J.S. (1985), The School wide Enrichment Model: A Comprehensive Plan for Educational Excellence, Mansfield Center. CT: Creative Learning.

Renzulli, J.S. (1986), The Three-Ring Conception of Giftedness. A Developmental Model for Creative Productivity. In R.J. Stennberg.

Simonton, D.K. (1984), Genius, Creativity and Leadership: Historiometric Inquiries, Cambridge MA: Harvard University Press.

Sharma, Manjulata (2005), Effectiveness of Instructional Materials on Characteristics & Education of Gifted Students for B.Ed. Students in Terms of Achievement & Reactions Towards Instructional Material.

Sharma, Sunita (2006), Education of the Gifted, Delhi, Shipra Publications.

Spearman, L.E. (1927), Abilities of Man: Their Natures and Measurement. New York: MacMillan.

Stanley, J. (1973), Accelerating the Educational Progress of Intellectually Gifted Youth. Educational Psychologist, 10, 133-46.

Stennbery, R.J. (1984), Advances in the Psychology of Human Intelligence, Vols. 1 & 2. Hillsdale. NJ: Erlbaum.

Stennbery, R.J. & Davidson, J.E. (Eds.) (1986), Conceptions of Giftedness. New York: Cambridge University Press.

Sternberg, R.J. (1984), Toward a Triarchic Theory of Human Intelligence. Behavioural and Brain Sciences, 7, 269-287.

Sternberg, R.J. (1988), Three Facet Model of Creativity. In R.J. Sternberg (Ed.), The Nature of Creativity (pp. 125-147). Boston: Cambridge University Press.

Sternberg, R.J. (1990), Thinking Styles: Keys to Understanding Student Performance. Phi Delta Kappan, 71(5), 366-371.

Strang, R. (1960), Helping Your Gifted Child. New York: Dutton.

Sumption, M.R. & Luecking, E.M. (1960), Education of the Gifted. New York: The Ronald Press Co.

Svensson, N.E. (1962), Ability Grouping and Scholastic Achievement, Stockholm: Algvist & Wiksell.

Taylor, C.W. and Barron, F. (Eds.) (1963), Scientific Creativity: Its Recognition and Development. New York: Wiley.

Terman, I.A. (1959), The Nature of the Creative Process, Vol. I. Mental and Physical Traits of a Thousand Gifted Children. Stanford, Calif.: Stanford University Press.

Terman, L. & Oden, M.H. (1947), The Gifted Child Grows Up: Twenty-Five Years Follow-Up of a Superior Group, Volume IV. Stanford C.A: Stanford University Press, 1947.

Terman, L.M. (1930), Vol. III. The Promise of Youth. Stanford, Calif.: Stanford University Press.

Terman, L.M. (1947), Vol. IV. The Gifted Child Grows Up. Stanford, Calif.: Stanford University Press.

Terman, L.M. and Oden, M.H. (1959), Vol. V. The Gifted Group at Mid-life. Stanford, Calif.: Stanford University Press.

Thorndike, E.L. (1921), Intelligence and its Measurement. Journal of Educational Psychology, 12, 124-127.

Torrance, E.P. (1962), Guiding Creative Talent. Englewood Cliffs, N.J: Prentice-Hall.

Torrance, E.P. (1965), Rewarding Creative Behavior. Englewood Cliffs, N.J.: Prentice-Hall.

Torrance, E.P. (1972), Can We Teach Children to Think Creatively? J. Creative Behavior. 6, 114-43.

Torrance, E.P. (1974), Norms-Technical Manual: Torrance Tests of Creative Thinking. Bensenville, IL: Scholastic Testing Service.

Vernon, P.E. (1951), The Structure of Human Abilities. New York: John Wiley, 1951.

Vernon, P.E. (1957b), Intelligence and Intellectual Stimulation During Adolescence. Indian Psychol. Bull. 2, 1-6.

Wallach, M.A. & Wing, C.W. (1969), The Talented Student. New York: Holt Rinehart and Winston.

Ward, U.S. (1961), Educating the Gifted: An Axiomatic Approach. Columbus, Ohio: Charles E. Meril.

Ward, V.S. (1960), Systematic Intensification and Extensification of the School Curriculum. Exceptional Children, 28, 67-71, 77.

Whitemore, J.R. (1980), Giftedness, Conflict and Under-achievement. Boston: Allyn and Bacon Inc.

Witty, P.A. (ed.) (1951), The Gifted Child. Boston, Mass.: D.C. Heath.

Zetsuvi,B. (2000), Understanding Gifted Children: From the Functional Perspectives NCERT VOL 25 No.2 April. pp. 26-37

प्रतिभाशालिता से संबंधित परिभाषाएं
(Definitions Related to Giftedness)

अकाल प्रौढ़ः अकाल प्रौढ़ से तात्पर्य है असाधारण प्रारंभिक विकास। अनेक उच्च प्रतिभाशाली बालक एक निश्चित क्षेत्र में विलक्षणता प्रदर्शित करते हैं जैसे भाषा, संगीत, अथवा गणितीय योग्यता। प्रतिभाशाली बालकों के बौद्धिक विकास की दर गैर प्रतिभाशाली की तुलना में ज्यादा होती है।

अन्तर्दृष्टिः अन्तर्दृष्टि को सार्थक सूचनाओं को गैर सार्थक सूचनाओं से अलग करना तथा सार्थक सूचनाओं के संगठित करने के उपयोगी तरीके से अलग नई एवं पुरानी सूचनाओं को नवीन एवं उत्पाद तरीके से संबंधित करने के रूप में परिभाषित किया जा सकता है।

आइजंक का बुद्धि का संरचनात्मक सिद्धांतः हंस जे.आइजंक ने बुद्धि लब्धि के तीन सहसंबंधितों प्रतिक्रिया काल (Reaction Time) निरीक्षण काल (Inspection Time) एवं औसत उत्पन्न सामर्थ्य (Average Evoked Potential) की पहचान की।

एक कारक सिद्धांतः बिने के अनुसार बुद्धि समस्त मानसिक कार्यों को प्रभावित करने वाली शक्ति है। वे सभी योग्यताओं को एक सामान्य बुद्धि अथवा सामान्य समझ में शामिल करते हैं।

एकीकरणात्मक शिक्षा–प्रतिमानःक्लार्क (1986) के प्रस्तुत प्रतिमान में विद्यार्थियों की पसंद एवं सहकारिता को प्रोत्साहित किया जाता है। इसे नियमित कक्षा में उपयोग में लाया जा सकता है। इसमें मस्तिष्क के चार कार्यों जैसे अन्तर्ज्ञान, अनुभूति, शारीरिक समझ और संज्ञान का एकीकरण किया।

एण्डरसन का बुद्धि एवं संज्ञानात्मक विकास का सिद्धांत; एण्डरसन के अनुसार बुद्धि में अंतर बुनियादी संसाधन युक्ति के कारण होता है जो कि चिंतन एवं ज्ञान को कार्यान्वित करती है। कई लोग 2+2 भी नहीं जोड़ पाते हैं। ये युक्तियाँ प्रतिरूपक कहलाती हैं। है।इन प्रतिरूपकों के अलावा बुद्धि में दो विशिष्ट

योग्यताएँ होती हैं। इनमें से एक भाषा गणितीय अभिव्यक्ति का सामना करती है तथा दूसरी दृश्यिक एवं दैशिक कार्यविधि को बताती है।

केटल का द्रवीय एवं मणिभीय बुद्धि का सिद्धांतः आर.बी.केटल के बुद्धि सिद्धांत के अनुसार सामान्य बुद्धि दो कारकों से बनी होती है। तरल बुद्धि एवं मणिभीय बुद्धि। तरल योग्यता विभिन्न क्षेत्रों में सामान्य है तथा मणिभीय योग्यता कुछ क्षेत्रों जैसे विद्यालयीन अधिगम के लिए विशिष्ट होती है। तरल बुद्धि का उपयोग उन कार्यों में होता है जहाँ आदतें निश्चित हो गई हों।

गार्डनर का बहु-बुद्धियों का सिद्धांतः उसने 10 प्रकार की बुद्धियॉ बताई हैं:

1. **भाषिक** – भाषिक पक्ष अर्थ विज्ञान, व्याकरण, स्वर विज्ञान (Phonology) और वाग्मिता (Rhetoric) की बुनियादी क्रियाओं का निष्पादन करता है।
2. **संगीतात्मक** – संगीतात्मक पक्ष स्वरमान, प्रबलता, लय और ध्वनि रूप (Timber) की बुनियादी क्रियाओं का निष्पादन करता है।
3. **तार्किक गणितीय** – यह पुरुषों के मस्तिष्क के दायें अर्धगोलार्द्ध में स्थित रहती है तथा महिलाओं के दोनों अर्धगोलार्द्धों में स्थित रहती हैं। तार्किक गणितीय पक्ष, तर्क की लंबी श्रृंखलाएँ, अमूर्तन (Abstraction) की ओर गणना की क्षमता की बुनियादी क्रियाओं का निष्पादन करता है।
4. **दैशिक** – दैशिक पक्ष सही वस्तु प्रत्यक्षण और वस्तुओं का मस्तिष्क में रूपान्तरण एवं धुमाने की क्रियाओं का निष्पादन करता हैं।
5. **शारीरिक गतिज** – यह पक्ष शरीर नियंत्रण एवं वस्तुओं के परिचालन की बुनियादी क्रियाओं का निष्पादन करता है।

6 एवं 7. **वैयक्तिक** – (अन्तः वैयक्तिक व स्वगत)–व्यक्तिगत पक्ष स्वगत समझ(अपनी अनुभूतियों को जानना) और अन्तः वैयक्तिक समझ (दूसरों की मनोवृत्ति, अनुभूतियों एवं आवश्यकताओं को जानना) की बुनियादी क्रियाओं का निष्पादन होगा।

8. **प्रकृतिवादी** – वनस्पति एवं जंतुओं एवं पर्यावरण के अन्य तत्वों की जो पहचान करते है एवं वर्गीकृत करते हैं।
9. **आध्यात्मिक** – जो व्यक्ति पराभौतिक को जानने एवं समझने का प्रयास करते हैं अथवा सत्य की कुछ समझ प्राप्त करते हैं और जो सामग्रियों से आगे जाकर संबंध रखते हैं।
10. **अस्तित्ववादी** – अपने आप को संसार में रखना तथा यह समझना कि कोई जीवन में कहाँ जा रहा है और क्यों? अस्तित्वादी योग्यता को दर्शाता हैं।

गिलफोर्ड का बुद्धि की संरचना का प्रतिमान (1966)

इसकी तीन विमाएं हैं: क्रियाएँ, विषयवस्तु, उत्पादन

क्रियाएँ – बौद्धिक गतिविधियों के मुख्य प्रकार अथवा प्रक्रियाएँ, वस्तुएँ जो कि प्राणी सूचनाओं के संसाधन में करता है जिन्हें कि प्राणी विभेदित करता है के रूप में सूचना को परिभाषित किया जाता है। ये पॉच प्रकार की होती हैं:

संज्ञान, स्मृति, एकदिश उत्पादन, बहुदिश उत्पादन, मूल्याकंन

विषयवस्तु – विस्तृत, तार्किक (Substanitive) सूचनाओं के बुनियादी प्रकार एवं क्षेत्र। ये चार प्रकार की होती हैं:

आकृतिक, सांकेतिक, अर्थगत, व्यावहारिक।

उत्पादन – बुनियादी सूचना के रूपों में, जो कि प्राणी द्वारा संसाधित करने में उपयोग आती हैं। ये छः प्रकार के होते हैं: इकाई, वर्ग, संबंध, पद्धतियाँ, रूपातंरण, निहितार्थ

गिलफोर्ड का बुद्धि की संरचना का नवीनतग प्रतिमान (1988)

गिलफोर्ड ने 1988 में 180 कारकों का प्रतिमान प्रस्तुत किया। प्रस्तुत प्रतिमान में पूर्व प्रतिमान की तुलना में उत्पादन में कोई अंतर नहीं, जबकि क्रियाओं के अंतर्गत स्मृति को दो भागों में विभक्त कर दिया गया, प्रथम है स्मृति धारण एवं द्वितीय है स्मृति अंकन। विषयवस्तु में दृश्यिक, श्रव्य, सांकेतिक, अर्थगत एवं व्यवहारिक शमिल हैं।

गुणी: सामान्यतः विशिष्ट योग्यता, अभिक्षमता अथवा निष्पत्ति (Accomplishment) को दर्शाने के लिए किया जाता है।

जीनियस: जीनियस का उपयोग निश्चित क्षेत्र में असाधारण अभिक्षमता/क्षमता को दर्शाने के लिए किया जाता है। प्रायः इसमें बिरले (rare) बौद्धिक शक्ति (अत्यंत उच्च बुद्धि लब्धि) अथवा सृजनात्मकता, होती है।

त्वरण: त्वरण से तात्पर्य है कि श्रेष्ठ योग्यता वाले बालक की उच्च कक्षा में कक्षोन्नति सामान्य की तुलना में अधिक जल्दी देना।

थर्स्टन का प्राथमिक मानसिक योग्यताओं का सिद्धांत: एल.एल.थर्स्टन ने अग्र 7 प्राथमिक मानसिक योग्यताएँ बताई हैं: संख्या कारक: इसके अंतर्गत अंकिक गणनाएँ सही एवं शीघ्रता से हल करने की योग्यता आती है। शाब्दिक कारक: ये शब्द बोध परीक्षण की योग्यता है। दैशिक कारक इसके अंतर्गत काल्पनिक वस्तु को निर्वात में परिचाालित करने की योग्यता आती है। प्रत्यक्षणात्मक गति कारक: इसके अंतर्गत दृश्यिक विस्तार में भेद और चित्रित वस्तु में

समानताएँ एवं अंतर करने की योग्यताएँ आती है। शब्द प्रवाह योग्यताः इसके अंतर्गत शब्दों के चिंतन की गति आती है जैसे कि तुकबंदी करने तथा वर्ण विपर्यय को हल करने की योग्यता। स्मृति कारकः इसके अंतर्गत शब्दों, अंकों, अक्षरों इत्यादि को रटने की योग्यता आती है। आगमनात्मक तर्क योग्यताः इसके अंतर्गत दी गयी सूचनाओं से नियम को खोजने की योग्यता आती है जिस प्रकार अंक श्रृंखला के कुछ अंश द्वारा अंक श्रृंखला का ज्ञान होता है।

थार्नडाइक का बुद्धि का सिद्धांतः थार्नडाइक ने बताया कि प्रत्येक मानसिक गतिविधि के लिए विभिन्न योग्यताओं के समुच्चय का योग आवश्यक होता है। थार्नडाइक ने बुद्धि के निम्न चार गुण बताए हैः– **अ. स्तर** कार्य की कठिनाई स्तर को प्रदर्शित करता है। **ब. परास** परास से तात्पर्य दी गई कठिनाई के अंश की गतिविधियों के अंकों से होता है। **स. क्षेत्र** क्षेत्र से तात्पर्य प्रत्येक स्तर पर स्थितियों की पूर्ण संख्या, जिनके प्रति व्यक्ति अनुक्रिया कर सकता हैं। **द. गति** गति से तात्पर्य है कि व्यक्ति किस गति से परीक्षण के पदों के प्रति अनुक्रिया कर सकता है।

थॉम्सन का न्यादर्शन सिद्धांतः जी.एच. थॉम्सन ने बौद्धिक संगठन का न्यादर्शन सिद्धांत प्रस्तावित किया। उनका तर्क था कि बौद्धिक व्यवहार अनेक स्वतंत्र योग्यताओं पर निर्भर करता है, जो अपने सीमित विस्तार के होते हुए भी विविध कार्यो में अपनी भूमिका निभाता है। परिणामस्वरूप किसी भी एक बुद्धि परीक्षण को प्रशासित करने पर बौद्धिक तत्वों का एक निश्चित न्यादर्श प्रयुक्त होता है। अन्य परीक्षण द्वारा अन्य न्यादर्श प्रयुक्त होता है।

पाठ्यचर्या संघननः पाठ्यचर्या संघनन का निर्माण औसत से ऊपर के विद्यार्थियों के लिए पाठ्यचर्या के उन अंशों को, जिन्हें विद्यार्थी ने पूर्ण कर लिया है, हटाकर किया जाता है।

पृथक्करणः पृथक्करण के अंतर्गत प्रतिभाशालियों को शिक्षा प्रदान करने के लिए अलग किया जाता है, जैसेः अलग विद्यालय, समांग समूहन, बहु पाठ्यचर्या, चयनित पाठ्यक्रम एवं ऐच्छिक, विन्यास, अंशकालिक विशेष कक्षाएँ, ग्रीष्मकालीन अथवा शनिवारीय विद्यालय और अन्य पाठ्यसहभागी रुचियाँ।

प्रतिभाशालीः रेन्जुल्ली, रेस एवं स्मिथ ने कहा कि प्रतिभाशाली बच्चों को शिक्षा के प्रयोजन से निम्न प्रकार से परिभाषित करना चाहिए जिन्होंने निम्न के लिए सामर्थ्य प्रदर्शित किया/दिखाया हो।

1. उच्च योग्यता जिसमें उच्च बुद्धि शामिल है।
2. उच्च सृजनात्मकता (नये विचारों के निर्माण करने एवं उनका समाधान के लिए उपयोग करने की योग्यता)।

3. उच्च कार्य वचन बद्धता (**Commitment**) (अभिप्रेरणा का उच्च स्तर और परियोजना को दूसरे निष्कर्ष द्वारा देखना)।

प्रतिभासंपन्नताः प्रतिभासंपन्नता में मानव विशेषकों के तीन बुनिय़ादी गुच्छ 1. औसत से उच्च योग्यता, 2. सृजनात्मकता, 3. कार्य समर्पण (वचनबद्धता) के मध्य अन्तर्क्रिया है। (रेन्जुल्ली, 1979)

ब्लूम का प्रतिमानः ब्लूम (1956) ने संज्ञानात्मक पक्ष पर अधिगम उद्देश्यों के लिखने एवं वर्गीकरण करने के लिए पदानुक्रम दिया। ज्ञानात्मक क्षेत्र में वे उद्देश्य शामिल किये जाते हैं, जो व्यक्ति के चिन्तन, ज्ञान तथा समस्या समाधान से सम्बन्धित होते हैं।

मस्तिष्क उत्प्लवनः मस्तिष्क उत्प्लवन एक सम्मेलन तकनीक है। जिसके द्वारा समूह किसी विशिष्ट समस्या का हल दूसरे सदस्यों द्वारा सभी विचारों के स्फूर्त रूप से निर्धारण द्वारा प्राप्त करते हैं। (अलेक्स आसबोर्न)

मेकर प्रतिमानःमेकर (1982) ने विभिन्न अध्यापन–अधिगम प्रतिमानों के मुख्य योगदानों का विश्लेषण किया तथा प्रत्येक प्रतिमान के सबसे अच्छे घटकों का एकीकरण कर अपना प्रतिमान प्रस्तुत किया। प्रस्तुत प्रतिमान के घटक हैं: विषय वस्तु, प्रक्रिया, उत्पाद एवं पर्यावरण।

योग्यता समूहनः योग्यता समूहन का उद्देश्य कक्षा में योग्यता में व्यक्तिगत भिन्नताओं को कम करना है, ताकि अध्यापक अपने अनुदेशन का अनुकूलन कर सके जो कि उसकी कक्षा के लिए अनुकूल हो।

वर्नन का पदानुक्रम बुद्धि का सिद्धांत

फिलिप वर्नन (1964) के अनुसार बुद्धि विभिन्न स्तर की योग्यताओं से बनी होती है। उच्चतम स्तर पर सामान्य संज्ञानात्मक कारक स्थित होते है। दो मुख्य कारक शाब्दिक शैक्षिक एवं प्रायोगिक एवं यांत्रिक दैशिक अगले स्तर पर स्थित होते है। शाब्दिक एवं प्रायोगिक यांत्रिक दैशिक को कई गौण समूह कारकों में तोड़ा जाता है उदाहरण के लिए शाब्दिक कारक शाब्दिक प्रवाहता, अंकिक योग्यता और सृजनात्मकता इत्यादि से बना होता है। प्रायोगिक यांत्रिक दैशिक कारक के अंतर्गत कुछ गौण कारक हैं यांत्रिक मनोगामक योग्यता और दैशिक संबंध। अन्ततः निम्नतम स्तर पर विशेष कारक होते है।

विभेदित प्रतिभाशालिता गुणत्व प्रतिमानः प्रतिभाशालिता क्षमता के अनुरूप है जो कि मानव अभिक्षमता के एक अथवा दो पक्षों में स्पष्ट रूप से औसत से ऊपर है। गुण (Talent) निष्पादन के अनुरूप है जो कि मानव की गतिविधियों के एक अथवा दो क्षेत्रों में स्पष्ट रूप से औसत से ऊपर है।

विशिष्ट बालकः "एक विशिष्ट बालक वह है जो शारीरिक, मानसिक संवेगात्मक एवं सामाजिक विशेषताओं में से किसी सामान्य बालक से उस उस सीमा तक विचलित होता है जब वह अपनी क्षमताओं के अधिकतम विकास हेतु सहायता, निर्देशन, विद्यालय कार्यक्रमों में परिमार्जन तथा विशिष्ट सेवाओं की आवश्यकता रखता है।"(किर्क)

संकाय सिद्धांतः यह बुद्धि की प्रकृति के बारे में पुरातन सिद्धांत है। जिसे 18वीं एवं 19वीं सदी में रीड ने प्रतिपादित किया था। इसे शक्ति मनोविज्ञान का सिद्धांत भी कहते हैं। इसके अनुसार मस्तिष्क विभिन्न संकायों का बना है, जैसे तर्कणा, स्मृति विभेदीकरण, कल्पना करना, इच्छा करना, जानना, निर्णय करना इत्यादि

संवेगात्मक बुद्धि का सिद्धांत

गोलमैन (1995) के अनुसार संवेगात्मक बुद्धि ऐसी योग्यताओं से संबंधित होती है, जैसे कि अपने आप को अभिप्रेरित करना तथा कुण्ठाओं का सामना करना, मनोरोगों का नियंत्रण करना तथा परितुष्टि में विलंब करना, अपने मूड को सुचालित करना, अपने संवेगों को जानना, संवेगों का प्रबन्धन करना, अपने आप को अभिप्रेरित करना दूसरों के संवेगों को जानना तथा संबंधों को बनाए रखना।

संपूर्ण विद्यालय समृद्धि प्रतिमान प्रस्तुत प्रतिमान के प्रवर्तक रेन्जुल्ली एवं रेस (1985) हैं। यह पूर्व के दो प्रतिमानों जो कि उच्च सामर्थ्य युवा की पहचान एवं युवाओं में प्रतिभाशाली व्यवहार एवं सृजनात्मकता के विकास के उन्नयन के लिए विकसित किए गए प्रतिमानों का संयोजन हैं।

समाजमिति परीक्षण :समाजमिति वह तकनीक है, जिसके द्वारा किसी समूह के सदस्यों के अन्तरवैयक्तिक संबंधों का अध्ययन उनके सदस्यों के द्वारा व्यक्त आकर्षण एवं विकर्षण अथवा विभेद के द्वारा किया जाता है। प्रस्तुत तकनीक का विकास जे.एल. मोरेनो ने 1934 में किया था। इसमें समूह के सदस्यों से किसी दिए गए निकष के आधार पर अन्य सदस्यों के बारे में अपनी पंसद या नापंसद पूछी जाती है।

समृद्धिः सामान्य विद्यालयों में प्रतिभाशाली बच्चों के लिए समृद्धि शिक्षा का प्रावधान एक बेहतर विधि है। यह एक अध्यापन प्रक्रिया है। इसके सरलतम रूपों में विभिन्न प्रकरणों पर पुस्तकें उपलब्ध कराई जाती हैं, जिन्हें तीव्र बुद्धि बालक विद्यालयीन समय में पढ़कर पूर्ण कर लेते हैं। कभी –कभी अध्यापक प्रतिभाशाली विद्यार्थियों को अपनी परियोजनाएँ पूर्ण करने को कहते हैं एवं वे 2–3 के समूह में अधिगम परियोजनाएँ पूर्ण कर लेते हैं।

साइनेटिक्सः साइनेटिक्स एक यूनानी शब्द है जिसका अर्थ होता है– भिन्न–भिन्न असंबंधित तत्वों को मिलाना। यह अपरिचित को परिचित करना एवं परिचित को अपरिचित करने के सिद्धांत पर बल देती है। जब हमारे सामने कोई समस्या आती है तब हम उसे अपने पूर्व ज्ञान के आधार पर समझने का प्रयास करते है अर्थात अपरिचित को परिचित करते हैं।

सेसी का जैव पारिस्थिक बुद्धि सिद्धांतः स्टीफन सेसी (1990) प्रस्तावित करते हैं कि व्यक्ति में बहु संज्ञानात्मक सामर्थ्य होते हैं न कि सामान्य बुद्धि g'। ये बहु बुद्धियाँ जैविकीय (Biologically) आधारित होती हैं तथा मानसिक प्रक्रियाओं की सीमा निर्धारित होती है। इससे अधिक ये बुद्धियाँ अथवा योग्यताएँ व्यक्ति के पर्यावरण अथवा संदर्भ में चुनौतियों एवं अवसरों से घनिष्ठ रूप से जुड़ी रहती हैं।

सृजनात्मकताः सृजनात्मकता से तात्पर्य है नवीन एवं उपयोगी विचारों को अभिव्यक्त करने की योग्यता, नवीन एवं महत्वपूर्ण संबंधों को समझना एवं स्पष्ट करना (elucidate) और पहले नहीं विचारित की गई बात को पूछना,

स्पियरमैन का द्विकारक सिद्धांत स्पियरमैन की बुनियादी मान्यता यह थी कि सामान्य मानसिक कार्यों के लिए दो प्रकार की योग्यताओं की आवश्यकता होती हैं, सामान्य योग्यता 'G' एवं विशिष्ट योग्यता 'S'। G' कारक सार्वभौम जन्मजात योग्यता है, यह बुनियादी तौर पर संबंधो के ग्रहण करने की योग्यता है। यह किसी भी प्रकार की बौद्धिक समस्या के समाधान की योग्यता के लिए उत्तरदायी है। सामान्य योग्यता 'G' सभी बौद्धिक कार्यों के लिए समान है जबकि 'S' दिये गये कार्य के लिए विशिष्ट होती है। इसे पर्यावरण से अर्जित किया जा सकता है।

स्टेर्नबर्ग का बुद्धि का त्रिसूत्री सिद्धांतः "बुध्दि दैनिक, जीवन में यथार्थ पर्यावरण से अनुकूलन एवं यथार्थ पर्यावरण का चयन और स्वयं के जीवन एवं योग्यताओं के लिए सार्थक यथार्थ जगत पर्यावरणों को गढ़ना है। बुद्धि जब दैनिक जीवन में प्रयुक्त होती है तब तीन कार्य करती हैः अ. वर्तमान पर्यावरणों का अनुकूलन ब. नये पर्यावरणों का चयन और स. वर्तमान पर्यावरणों को नये पर्यावरणों में गढ़ना

स्वायत्त अधिगमक प्रतिमान

प्रस्तुत प्रतिमान का विकास माध्यमिक विद्यालय के प्रतिभाशाली एवं गुणी विद्यार्थियों की संज्ञानात्मक, संवेगात्मक एवं सामाजिक आवश्यकताओं की पूर्ति के लिए किया गया है।

शब्द सूची
(Glossary)

अंतराल	Period
अंतर्दृष्टि	Insight
अंतर्मुखी	Introvert
अंतर्विध्दीकरण	Telescoping
अकाल प्रौढ़	Precocious
अक्षत	Unimpaired
अग्रिम	Advance
अर्जित	Acquired
अर्थपूर्ण	Meaningful
अधिगम	Learning
अधिगमक	Learner
अध्यापक निर्मित	Teacher-made
अनुक्रिया	Response
अनुगामी	Followup
अनुदेशन	Instruction
अनुमानित	Approximate
अनुप्रयोग	Application
अनुशंसा	Recommendatory
अनुशिक्षण	Tuition
अनुसूचियाँ	Inventories
अन्वय	Construct
अन्वेषण	Exploration
अन्तरवैयक्तिक	Interpersonal
अन्तर्ज्ञानात्मक	Intuitive
अभिक्षमता	Aptitude
अभिप्रेरणा	Motivation
अभेद्य	Invulnerable
अभिरुचियाँ	Hobbies
अभिलेख	Records
अभिवृत्तियाँ	Attitudes
अभिवृद्धि	Growth
अभिक्रमित अनुदेशन	Programmed Instruction
अमूर्त	Abstract
अल्पसंख्यक	Minority
अवकाशकालीन	Leisure Time
अवधान	Attention
असहमति	Disablement
असामाजिक	Antisocial
अस्वाभविक	Unnatural
अस्तित्व	Existence
आक्रामक	Aggressive
आगमनात्मक	Inductive
आत्मकथा	Autobiography
आत्म मूल्याकंन	Self Evaluation
आधार वाक्य	Syllogism
आनुवांशिक	Heredity
आत्म-वास्तविकीकरण	Self-Realization

आत्म-संकल्पनाकरण	Self-Conceptualization	क्षमता	Competency
आत्म सम्मान	Self Esteem	क्षेत्र भ्रमण	Field Visit
आत्मसात	Assimilate	क्षैतिज	Horizontal
इकाई पद्धति	Unit Method	खगोलशास्त्र	Astrology
इतिहास	History	खेल निर्माण	Game Construction
इर्ष्यालु	Jealous	खोज कौशल	Inquiry Skill
उत्कृष्ट	Excellent	खोजीपन	Inventiveness
उत्कृष्टता	Excellence	ग्रंथालय	Library
उत्पाद	Product	गामक	Motor
उत्प्रेरक	Catalyst	गुणत्वों	Talents
उत्तरदायित्व	Responsibilities	गुणवत्ता	Quality
उद्दीपन	Stimulation	गुणी	Talented
उद्योग	Industry	गृहकार्य	Homework
उन्नयन	Improve	गैर-परम्परागत	Nontraditional
उन्मुखीकरण	Orientation	ग्रीष्म अवकाश	Summer Vacation
उपकरण	Tools	चयन	Selection
उपलब्धि	Achievement	चयनित	Elective
उपाधि	Degree	चिन्तन	Thinking
औपचारिक	Formal	चित्रकारी	Drawing
कनिष्ठ	Junior	चुनौतीपूर्ण	Challenging
कमजोरी	Weakness	जटिल	Complex
कला	Art	जनांकिकी	Demography
कला विथिका	Art -Gallery	जल्दी प्रवेश	Early Admission
कविता लेखन	Poetry Writing	जिज्ञासु	Curious
काल्पनिक	Imaginative	जोखिम	Risk
कीट विज्ञान	Entomology	जागरूक	Awareness
कीट विज्ञान	Entomology	जिज्ञासा	Curiosity
कुण्ठा	Frustration	जीवनपर्यन्त	Lifelong
कुसमायोजन	Mal-adjustment	जीवनी	Autobiography
केन्द्रीय तंत्रिका	Central Nervous	जीवविज्ञानी	Biologist
कोटि	Rank	जीवन वृतान्त	Life History
कौशल	Skill	जेवरात अभिकल्प	Jewelry Design
कक्षोन्नति	Class Promotion	जैव अक्षत	Bio Unimpaired
क्रमण	Sequencing	ज्योतिष विज्ञान	Astrology
क्रियात्मक	Action	झुकना	Swayed
		तंत्रिका तंत्र	Nervous System

तत्परता	Readiness
तथ्यात्मक	Factually
तार्किक	Logical
तीक्ष्णता	Acuity
त्वरण	Acceleration
त्रिक	Tric
त्रिवलय	Three ring
त्रुटियाँ	Errors
दल नियोजन	Team Planning
दस्तावेजीकरण	Documentation
दिशा-निर्देश	Guidelines
दृश्यिक	Visual
धैर्य	Passions
नक्शा	Map
नम्यता	Flexibility
नाटक	Drama
निकष	Criteria
निगमनात्मक	Deductive
निर्णायक	Crucial
निर्देशन	Guidance
निर्देशित	Directed
निर्धारण मापनी	Rating Scale
निर्माण	Manufacture
नियंत्रण	Control
निरर्थक	Irrelevant
निरीक्षण	Observation
निर्वचन	Interpretation
निष्कर्ष	Conclusion
निष्पादन	Performance
निहितार्थ	Implications
नीरस	Bored
नेतृत्व	Leadership
नैदानिक	Diagnosis
न्यूनतम	Minimum
पक्षपात	Bias
पक्षीविज्ञान	Ornithology
परिदृश्य	Landscape
परिपक्व	Mature
परिपक्वता	Maturity
परिप्रेक्ष्य	Context
परीक्षण	Test
पर्यटन	Tourism
पर्यवेक्षक	Invigilator
पर्यावरण	Environment
पर्याप्त	Adequate
पर्यावरण	Environmental
परामर्श	Counseling
पसंद	Choice
पहेली	Puzzle
पाठ्यचर्या	Curriculum
पाठ्यचर्या निर्देशिका	Curriculum Guide
पारंगत	Master
पारिवारिक पृष्ठभूमि	Family Background
पुनर्समूहन	Regrouping
पुष्टकाय	Athlete
पूरक	Supplement
पूर्वाग्रह	Bias
पृथक्करण	Segregation
पेशीय ऊर्जा	Muscular Energy
पोषण	Nurture
प्रकरणों	Topics
प्रक्रिया	Process
प्रगत	Advanced
प्रगत स्थानन	Advance Placement
प्रजातंत्र	Democracy
प्रतिक्रियाएँ	Reaction
प्रतिभा	Genius
प्रतिभाशाली	Gifted
प्रतिभाशालिता	Giftedness
प्रतिमान	Model
प्रत्यक्षण	Perception

प्रदर्शन	Demonstration
प्रबन्धन	Management
प्रभावी	Effective
प्रभुत्व	Dominance
प्रमस्तिष्क संस्तम्भ	Cerebral Palsy
प्रवाह	Flow
प्रशिक्षित	Trained
प्राथमिक	Primary
प्रायोगिक, यावहारिक	Practical
प्राणवायु	Oxygen
प्रोत्साहित	Encouraged
द्योतक	Indicator
फलांक	Scores
बहिर्वेशन	Extrapolation
बहिर्मुखी	Extrovert
बहु	Multiple
बहुसंवेदी	Multisensory
बिरले	Rare
बुद्धिमान	Intelligence
बुनना	Weave
बुनियाद	Base
बाल्यावस्था	Childhood
बोध	Comprehension
भविष्यात्मक	Futuristic
भूगर्भशास्त्री	Geologist
भूमिका प्रतिमान	Role Model
भौतिक	Physical
भ्रमित	Confused
मंदन	Retardation
मनोनयन	Nomination
मनोवैज्ञानिक	Psychologist
महत्वाकांक्षी	Ambitious
मस्तिष्क उत्प्लवन	Brain Storming
मानक	Norms
मानकीकृत	Standardized
मानव संबंध	Human Relation
मापक	Measures
मार्गदर्शक	Clue
मार्गदर्शिका	Guide
मितव्ययी	Economy
मुद्दों	Issues
मुद्राशास्त्र	Philately
मूर्तिकला	Sculpture
मूल्यांकन	Evaluation
मौलिकता	Originality
मौसम विज्ञान	Meteorology
यांत्रिक	Mechanical
योग्यता	Ability
रसायनशास्त्र	Chemistry
राजनैतिक	Political
रुचि	Interest
रुझान	Inclination
रेंगना	Crawl
रोक	Restrictions
लचीलापन	Flexibility
वचनबद्धता	Commitment
वन्यजीवन	Wildlife
वरिष्ठ	Senior
वर्ग	Grade
वर्गीकरण	Classification
वस्तुनिष्ठ	Objectivity
वास्तविकीकरण	Actualization
विकासात्मक	Developmental
विकिरण	Radiation
विकृतियाँ	Deformities
विधि	Law
विन्यास	Setting
विपणन	Marketing
विभेदीकृत	Differentiating
विमाएं	Dimensions
विरोधाभाषी	Controversial

विविध	Diversified
विशिष्ट	Special
विशिष्टवाद	Elitism
विशेषण	Adverb
विशेषज्ञ	Specialized
विश्लेषण	Analysis
विश्वकोष	Encyclopedia
विषमांग	Heterogeneous
विषयवस्तु	Content
विस्तार	Range
वैकल्पिक	Alternative
वैज्ञानिक	Scientific
व्यक्तिगत	Personal
व्यक्तित्व विशेषक	Personality Traits
व्यक्तिपरक	Individualized
व्यापक	Broad
व्यास	Diameter
व्यावसायिक	Vocational
व्यूह	Strategy
शक्ति	Strength
शब्दावली	Terms
शर्मीले	Shy
शहर नियोजन	Town Planning
शारीरिक	Physical
शिष्टाचार	Manners
शिक्षाविद्	Educationist
शैक्षणिक	Academic
श्रेष्ठ	Superior
संकल्पना	Concepts
संकेतों	Symbols
संकीर्ण	Narrow
संज्ञानात्मक	Cognitive
संगठित	Organized
संगीत पाठ	Music Lesson
संगोष्ठी	Seminar
संग्रहण	Collection
संग्रहालय	Museum
संघनन	Condensation
संचयी अभिलेख	Cumulative Records
संचलन	Movement
संतुलन	Balance
संदर्भ	Reference
संदर्शक	Module
संभावित	Possible
संयोजन	Combination
संवर्धन	Enrichment
संवाद	Dialogues
संवेगात्मक	Emotional
संवेदनशीलता	Sensitivity
संश्लेषणात्मक	Synthetically
संस्थाओं	Institutions
सतत	Continue
समझ	Understanding
समझौता	Compromise
समन्वय	Coordination
समन्वेषी	Exploratory
समस्या समाधान	Problem Solving
समांग	Homogeneous
समाजमिति	sociometry
समायोजित	Adjusted
समालोचना	Criticism
समीक्षा	Review
समुदाय	Community
समृद्धशाली	Enrichment
सम्प्राप्ति	Attainment
सम्प्रेषण	Communication
सम्भावनाएँ	Possibilities
सम्भाव्यता	Probability
सहपाठियों	Classmates
सहभागिता	Participation
साँस्कृतिक	Cultural

साधन सम्पन्नता	Resourcefulness	स्रोतों	Sources
साख	Credit	स्तर	Level
सामर्थ्य	Potential	स्थानीय	Local
सामान्यीकरण	Generalization	स्मृति	Memory
सार्थक	Relevant	स्व अनुदेशन	Self Instruction
साहचर्यित	Associated	स्वतंत्रता	Freedom
साहित्य	Literature	स्वायत्त	Autonomous
सीमा	Extent	स्वास्थ्य रेकार्ड	Health Record
सृजनात्मकता	Creativity	स्वोपक्रम	Imitation
सुव्यवस्थित	Systematic	हँसीमजाक	Humors
सैलानी	Itinerant	हतोत्साहित	Discouraged